輕鬆當爸媽，孩子更健康

黃瑽寧

小兒科醫師
＋
新手爸爸

教你安心育兒

目錄

推薦序 新手父母必備的育兒寶典 黃富源 012
孩子是寶 陳銘仁 015
各界好評 018
自序 當小兒科醫師成為新手爸爸 021

第一章 迎接寶寶的誕生
1 產前準備 026
2 寶寶出生後 034
3 疫苗Q&A 043

第二章 寶寶常見的各項表徵

1 頭髮、頭皮、頭骨 054
2 眼睛 059
3 耳朵 063
4 鼻子與呼吸 065
5 嘴唇與口腔 069
6 胸廓與乳頭 075
7 臍帶與肚臍 077
8 生殖器（男寶寶） 080
9 生殖器（女寶寶） 084
10 手和腳 086
11 排便 090
12 尿液 096

13 各種皮膚表徵 098

第三章

寶寶怎麼吃才健康？

1 第一時期（零～六個月）：母奶／配方奶 113
2 第二時期（四～十二個月）：添加副食品 123
3 第三時期（一歲之後）：餵食困難 131

第四章

孩子生病了！

1 發燒 143
2 熱痙攣 149

3 撞到頭 153
4 結膜炎（紅眼症） 156
5 腸病毒 158
6 感冒與流感 164
7 鼻竇炎 169
8 扁桃腺化膿 172
9 中耳炎 174
10 流鼻血 180
11 哮吼 182
12 嘔吐 184
13 細支氣管炎 188
14 肺炎 190
15 腹瀉 193

16 便祕 200
17 泌尿道感染 204
18 玫瑰疹 210
19 需注意的皮膚病徵 213
20 何時掛急診 216
21 小兒用藥安全 218

第五章 三大過敏症

1 氣喘 227
2 過敏性鼻炎 238
3 異位性皮膚炎 244

4 預防過敏性疾病 252

第六章

黃醫師的貼心叮嚀

1 預防嬰幼兒事故傷害 258
2 小兒汽車安全座椅 266
3 小小孩看電視，害處多？ 269
4 尿床 274
5 睡覺時間到！ 280
6 B型肝炎疫苗面面觀 286
7 新型破傷風、減量白喉、非細胞性百日咳混合疫苗（Tdap） 290
8 正確的洗手方法 292
9 增強兒童免疫力的省錢妙招 296

推薦序

新手父母必備的育兒寶典

黃富源

在我讀醫學院的年代，學校並沒有教我們如何育兒。四十多年前，當我開始從事小兒科醫師工作時，發現腦海裡盡是與疾病有關的學問，然而與家長每日息息相關的育兒知識，卻付之闕如。

為了彌補這方面學問的缺乏，我在圖書館找到一本美國小兒科醫師史波克（Dr. Benjamin M. Spock）的《嬰幼兒保健常識》，從此開啟了育兒的眼界。這本書日後被美國作家帕里尼（Jay Parini）選為「改變美國的十三本書」之一，也幫助我對家長衛教的內容更為完備。

隨著醫學日新月異，史波克醫師的寶典在許多觀念上也已經過時了。近年來，台灣雖然也有很多育兒叢書與小兒衛教手冊，但大多翻譯自國外的著作，或者由非醫學背景的人士所撰寫。而這本《輕鬆當爸媽，孩子更健康》，正好融合了為人父母最需要學習的兩個主題——養育兒童與疾病衛教。

在第一章〈迎接寶寶的誕生〉當中，黃瓈寧醫師針對台灣的家長，整理出迎接小生命之前與之後所需要注意的事項。另外，作者也將台灣最新的疫苗政策，以及目前流行的新生兒自費超音波檢查，用淺顯易懂的方式讓家長了解其來龍去脈；這點是我在其他育兒書本中看不到的。

第三章〈寶寶怎麼吃才健康？〉，是目前嬰幼兒照護上非常新、也相當重要的議題。三十年前，嬰兒的餵食是以配方奶為主。時代改變，醫學也進步了，現在大家都知道嬰兒最好的營養品就是母乳；而較大兒童則有挑食、拒食等等心理問題。黃醫師以其臨床的知識，配合自己育兒的經驗，寫成這一篇輕鬆實用的飲食指引，相信家長看了必然獲益良多。

我在門診看診時發現，現在因為過敏疾患求醫的小孩越來越多，這當中包括了氣喘病、過敏性鼻炎，以及異位性皮膚炎，這三者加起來，幾乎已經成為小兒病人中最大宗的族群。作者本身就有過敏體質，以他專業的知識，加上親身的經歷，在〈三大過敏症〉這一章，將如何預防、治療，以及保養過敏病症，作了完整的介紹。

在其他章節，黃醫師也對常見兒科疾病、事故傷害的防護、兒童睡眠問題，看電視、尿床、洗手等等議題，都有所著墨，筆觸輕鬆易懂，讀起來沒有什麼負擔。總而言之，這是一本內容豐富、深入淺出的育兒寶典，我強力推薦每位新手父母都應該擁有一本這樣的好書。

黃富源　醫師

為馬偕醫院資深兒科醫師、台大暨北醫兒科教授、馬偕醫院前醫務副院長、衛生署前副署長。二〇〇九年獲頒「第二屆亞洲傑出兒科醫師獎」，同年並被《商業周刊》評選為百大良醫之一。他同時也是影響黃瑽寧醫師最深的人——身兼嚴師與慈父的雙重身分。

推薦序

孩子是寶

陳銘仁

半世紀以來，各國的生育率節節下降，已是不爭的事實，台灣的情形尤其嚴重。據內政部統計，二〇〇七年，台灣的總生育率一・一人，是全世界最低的國家。到了二〇一〇年，國人忌諱的虎年，生育率再創新低，每名育齡婦女平均可能生不到一個孩子。在這種趨勢下，若非有效的政策推動，實在無力提高總體生育率——除非各自努力，不過恐怕也只是杯水車薪吧！不只數目下降，由於晚婚，許多新手父母對於初來乍到的小生命往往手忙腳亂，甚至不知所措，恐怕也會影響照顧的素質。我手邊沒有台灣的資料，但是依據二〇〇三年日本厚生勞動省的調查報告顯示，一歲幼兒母親「沒有照顧嬰幼兒經驗」者，一九八一年為三九・三%，二〇〇〇年升高至六四・四%，想必台灣也差不多。作為一個小兒科醫師，如何幫助父母親照顧這些越來越少的寶貝，打造優良的下一代成為精兵良民，是責無旁貸的事。

我想每一個初為人父母者都曾經聽過：「第一個照書養，第二個照豬養」的戲言。事實上，照書或照豬，見仁見智。照豬養的人可能是有了前一兩胎的經驗，當然不會養成豬。相反的，新手爸媽如果拘泥於所謂的育兒寶典等教條式的內容（例如幾個月大應該要喝多少奶，睡幾小時等等），反倒會杞人憂天，徒增困擾。俗話說，家有一老，如有一寶。但是，現代年輕的父母大多受過良好的教育，在育兒的知識和態度方面也深知前人的經驗未必都正確。因此，選擇適當的育兒書籍，配合健康積極的心態，更顯重要。

本書的作者黃瑽寧醫師是台灣小兒科學界前輩、前衛生署長黃富源教授之子。自幼受家學薰陶，耳濡目染，立志追隨父親的志業。一路走來，始終抱持著為兒童健康而努力的信念，在臨床兒科繁重的工作和台大臨床醫學研究所深奧的研究之餘，更積極投注在嬰幼兒的衛教的工作。這一兩年來，他除了擁有許多新手爸媽熱烈點閱的人氣王部落格外，最近更集中心力，寫出了這本《輕鬆當爸媽，孩子更健康》。書中內容推翻一些似是而非、以訛傳訛的錯誤觀念，代之以現代醫理，例如：「沒有剪舌繫帶將來會「臭乳呆」（台語，指大舌頭）」、「牙齒長得慢要吃鈣片」、「嬰兒長牙會發燒」……等。

黃醫師也是一個新手爸爸，他也從一個為人父母觀點，娓娓道出照顧嬰幼兒的心路歷程，相信書中的描述更能貼近年輕父母的心聲。由於黃醫師自幼患有氣喘，在父母親悉心的照料下成長，更能體會「養兒方知父母恩」的真諦。由此之故，書中也不乏照顧過敏兒的心得和提示。相信本書的出版，除了可以推廣正確的育兒知識外，還能夠使新手爸媽們欣喜迎接新生命的育兒之路更能得心應手。

陳銘仁　醫師

中華民國兒童保健協會理事、馬偕紀念醫院小兒科資深主治醫師，現為馬偕紀念醫院小兒科主任。

各界好評

黃醫師是我的好朋友，也是我孩子們的醫師。黃醫師的親和力和專業，從他部落格的人氣就可得知。這本書的出版，滿足了許多人的期待，相信它會幫助更多家長擁有正確的育兒觀念。

連加恩（疾病管制局防疫醫師、暢銷作家）

黃瓈寧醫師對於小兒疾病的判斷、解答及建議，總讓我在心裡冒出：「對喔，真的是這樣。」的共鳴，更重要的是，也安撫像我這種不知所措父母的無助。

Ching

雖然，我不是黃醫生的門診病患，但是對於醫生所提供的育兒資訊，幾乎是篇篇拜讀兩到三次以上。我認為，平時多加強自己的知識，這樣即使面對病痛，也不至於無知到害怕。

Emily

黃醫師能將艱澀複雜的醫學知識，用很淺顯易懂的方式表達出來，除了解答新爸媽之問題，更能讓像我們這種對現代醫學感到好奇的小老百姓們，能快速掌握目前醫界對於某某醫療議題之說法。

Perry Lee

經過格友的介紹開始看黃醫師部落格，一試成老主客。還好，有看黃醫師的文章，讓我在女兒第一次發燒時，沒有出現尖叫、一把鼻涕一把眼淚抱著女兒衝進急診室，也知道怎麼處理發燒症狀。

ibs

黃醫師以深入淺出的方式，介紹了許多關於孩子身體心理的疑難雜症，解答了廣大媽媽族群想問醫師，卻不得其門而入的醫學常識，讓媽媽們在照護孩子時多了一位網路家庭醫師，真是太棒了！

amy

只有親身經驗才能將心比心，在黃醫師的部落格中我得到了新的思維，讓新手爸媽不在那麼緊張，當小孩發生的狀況時，到黃醫師部落格中找找，都會有不錯的解答。

睿家的媽媽

為了要孩子更健康，不論是新手或老手爸媽，都是一個很重要的課題，因為處處都有錯誤的資訊及陷阱，有了黃醫師的部落格後，藉由深入淺出的文字及說明，導正大家錯誤的觀念，分享許多育兒的知識，讓我們真的能輕鬆當爸媽囉！

Carrie凱莉妹

永遠記得怎麼發現黃醫師部落格的。兒子沒通過新生兒篩檢，心慌的我在網路上不停找資料，發現兒子的醫師有部落格。黃醫師不僅很專業的答覆，也安慰我不用擔心，真的很感謝！真的！

新手媽媽Cathy

在小兒被診斷為過敏氣喘兒時，作為母親的我，心中的慌恐無法言語，但在黃醫師的細心解說之下，以及到黃醫師的部落格，了解過敏氣喘兒的資訊，真的是很感謝，認識黃醫師真好！

銨銨媽咪

許多父母都太過擔心。希望趕快找到一個名醫可以開藥，趕快讓爸媽不要再被寶貝的病折磨……但是，黃醫生耐心地聽父母的擔心和茫然。然後，在醫院、在部落格，專業地告訴爸媽，生病的歷程和生命的抗體是一次又一次讓寶寶可以更健康。

子樂子安爸

自序

當小兒科醫師成為新手爸爸

很多人問我：「市面上已經有很多小兒衛教的書，為什麼還要寫一本？」我常回答：「這一本真的不一樣，真的。」

進入馬偕醫院小兒科至今已經第八年，每天面對不同的家長詢問有關孩子的疑難雜症，我發現新世代養兒育女有幾個特點：

1. 寶寶的主要照顧者常常不是年輕的父母本身，可能是保母，可能是爺爺奶奶。這些照顧者碰到問題，通常不太會尋找資訊，也不會上網，只能憑口耳相傳的經驗。而年輕父母雖然會上網或看書，搜尋大量的資訊，卻不知從何解讀，也不知道資訊的正確性，常常誤信謠言。

2. 台灣生育率已跌至全球最低，少子化的影響，父母親焦慮指數反而直線上升。孩子只要有一點點毛病，就緊張得睡不著覺、頻繁的求醫，其實大部分時候都只是虛驚一場。

3.公共衛生的進步，嚴重的疾病越來越少，過敏性體質與兒童心理問題引發的症狀則大幅的上升。另一個新的小兒照護課題，就是小兒的飲食問題，包括嬰兒副食品餵食、幼兒拒食、挑食等等困擾。

有鑑於此，我在二〇〇九年，於網路上開啟了一個部落格，取名為「疑難雜症的故事——馬偕兒科黃瑽寧醫師的診斷旅程」。本來是希望藉由這個網站，成為我與我的病人家屬溝通與衛教的平台（當然首要條件是會上網）。沒想到一年下來，我的部落格瀏覽人次不斷增加，每天約有一百到兩百位焦慮的父母親來我的網站搜尋衛教資訊，大部分都不是我親自看診的病人。網友們的反應是：文字淺顯易懂。

感謝上帝，成立部落格當年，網站就獲選為二〇〇九年第五屆華文部落格大獎年度最佳生活情報推薦優格，也因此吸引了更多的讀者，以及時報出版社的青睞。這就是這本書的由來。他們也希望我能夠以淺顯的文字出版成書，幫助更多焦慮的新手爸媽，度過孩子成長的種種難題。

家長們如果已經厭倦了小兒衛教書籍裡，艱澀難懂的醫學名詞，琳琅滿目的疾病名稱，或者那些真假難辨的兒童醫學資訊，別擔心！這本書將是你唯一需要的手冊。

首先，這本書有很多插圖。很多時候您只要翻看圖片，就可以指引您到所需要的資訊頁面。本書分為〈迎接寶寶的誕生〉，〈寶寶常見的各項表徵〉，〈寶寶怎麼吃才健康？〉，〈孩子生病了！〉，〈三大過敏症〉，以及〈黃醫師的貼心叮嚀〉六個部分，每一個章節都有很多的插圖，讓您更快找到所需要的答案。

其次，這本書的內容不只是來自專業的知識，還有我個人的親身經歷融合在一起。在兒子出生之後，我除了是小兒科醫師之外，又多了一個身分，就是新手爸爸。我驚訝的發現，過去輕描淡寫提醒家長的衛教內容，真正執行起來其實是需要一些訣竅的。曾經聽人家說，當一位小兒科醫師不能沒當過父母，我深表贊同。除此之外，我從小與過敏性體質奮鬥的過程，也給我充足的經驗照顧過敏的孩子。因此，這不只是一本衛教的書，也算是我的個人筆記本。

當然，在〈孩子生病了！〉章節裡，會介紹一些常見的兒童疾病。我刻意忽略許多疾病的細節，免得家長看得頭昏腦脹。您不需要成為醫學博士，只需要知道什麼毛病是要緊的，什麼毛病是不要緊的，這樣就可以了。現在的醫療服務取得那麼便利，隨處都有診所，求醫並不困難，困難的反而是「何時應該求醫？」如果醫師已經診斷了您的孩子得到什麼病，將病名抄下來，回家上網查就可以了，又何必浪費篇幅寫在書裡呢？況且，兒童疾病千頭萬緒，原文教科書動輒八千多頁，絕非我個人能力可以完成，這也不是家長所想要的。

最後，我希望每一位爸爸媽媽，看完這本書之後，能夠鬆一口氣，告訴自己：原來照顧孩子的健康可以這麼輕鬆！以後若又聽聞危言聳聽的報導，或者看見賣健康食品的廣告，您就可以老神在在，不再輕易的被影響了！

輕鬆當爸媽，孩子更健康，讓我們現在就開始吧！

第一章

迎接寶寶的誕生

1 產前準備

新手爸媽恭喜了！您現在的心情可能又興奮又緊張，而且腦袋中充滿許多疑惑需要解答吧。每個親戚朋友都替你們高興，並且七嘴八舌地告訴您該準備這個、準備那個，好像每一件事都很重要。上網一看，更是不得了，網友介紹的東西琳琅滿目、五花八門，真不知該從何下手。

別慌張，本書一開始，就讓我來給新手爸媽們列一張清單，讓您在寶寶出生之前可以替他準備幾樣基本的東西。

1. 嬰兒床

寶寶出生以後，幾乎大部分時間都會躺在嬰兒床上。因此一張好的嬰兒床，對寶寶與父母雙方都很重要。購買時要先想好將來嬰兒床要擺在家裡的哪個位置，丈量好長、寬、高，再去大賣場選購。理想狀況之下，前兩個月可以將嬰兒床放在大人的床邊，餵奶比較方便；超過三個月之後，再將嬰兒床移到單獨的房間，不過這要視家庭空間大小而定。

嬰兒床的周圍床欄間距應要小於六公分才算合格，若間距過寬，可能會發生寶寶的頭

卡在床欄的慘劇。一般合格的嬰兒床，間距應不至於太寬，不過還是帶一把卷尺去丈量一下比較安心。嬰兒床墊如果是整套的，應該與床的內緣大小一致，才不至於產生過大空隙；如果要另外購買嬰兒床墊，必須與床的內緣符合，如果太小的話，寶寶的手腳可能會卡在床與床墊的縫隙之間。不建議在嬰兒床邊使用海綿護欄，因為當寶寶躺著的時候，護欄會阻擋寶寶的視野，影響視力發育。其他掛在床邊的玩具、蚊帳等等，則隨自己需要購買即可。

2.嬰兒澡盆

如果家裡有「非常乾淨」的水槽，也可以取代嬰兒澡盆。澡盆的選購以簡單為主，不要太花俏。曾經就有標榜多功能特別加蓋的澡盆，造成嬰兒夾傷的事件。澡盆若有防滑的設計，也是不錯的選擇。

黃醫師聊聊天

嬰兒應該跟父母睡在同一個房間，還是不同房間，醫界目前還是爭論不休。我綜合各家學說與自身的經驗，建議三種模式：還在追奶、頻繁哺乳的母親，可以睡在同一張床上。已經可以固定時間餵奶的寶寶，最好睡在自己的嬰兒床，但是放在大人的房間。三個月大之後，如果想要讓孩子單獨睡自己的房間，那麼要在父母聽得到寶寶聲音的距離。

另外爸爸媽媽添購海綿護欄的原因，通常是因為寶寶年紀較大之後，有時候會用頭去撞床欄。不過根據研究，這種行為是正常的發展之一，絕不會傷害腦袋，所以家長請放心。

3. 奶瓶

雖然說母乳最好，可是誰也沒把握自己的母乳可以多到不需要奶瓶。奶瓶的種類五花八門，教新手爸媽看了不昏頭也難。

首先，要面臨的問題就是：奶瓶材質要買玻璃的，還是塑膠的？玻璃奶瓶的好處是導熱快，隔水加熱或者用冷水沖涼的速度都比較快，並且不管是沸水消毒或者沖泡，都不用擔心化學物質溶入奶水當中，比較健康。但是玻璃奶瓶有兩個缺點，第一是容易打破，第二是比較重，出門攜帶時不方便。塑膠材質的就完全相反，材質輕、不會打破，但是有化學物質摻入之虞。塑膠瓶有PC、PES、PPSU、silicone……等材質，隨著耐熱溫度越高（PC最低，silicone最高），化學物質溶解的機率應該也越低，理論上也是比較安全的。Silicone材質的奶瓶因為價格昂貴，市面上比較少見。

奶瓶嘴的形狀並不是很重要，但是孔洞最好先選小圓洞式，太大的孔洞容易讓寶寶嗆到，況且小圓洞可以自己用針戳大，甚至切成十字型都沒關係。奶瓶口徑有寬有窄，以寬口徑的奶瓶比較方便。至於防脹氣、母乳實感、去舌苔等附加功能就不是很重要了。寶寶脹氣與奶瓶並無直接關係，而再怎麼鼓吹母乳實感也與真正的乳房不一樣（事實上，每個媽媽的乳房也不盡相同，您的寶寶絕不會那麼傻）；舌苔也不是壞東西，沒什麼好去除的。簡單的說，只要選擇玻璃的材質或者耐熱度較高的塑膠奶瓶、挑寬口徑、小圓孔，先買兩個備用起來。當然，大家都希望母乳源源不絕，奶瓶都用不到。

4. 尿布

NB（New Born，指專給剛出生的新生兒使用的尿布尺寸）的型號不用買太多，也許您的寶寶長得很快，NB就穿不下了。因為環保觀念的進步，媽媽們也可以考慮使用新款的「布尿布」，使用與清洗都很方便。新的布尿布不再像古時候的媽媽要自己刷洗，只要抖落排泄物後丟洗衣機就可以了，可以替地球盡一份心力。

5. 奶嘴

我個人並不反對使用奶嘴，但是要讓寶寶及早戒掉。奶嘴除了安撫作用，也可以減少嬰兒猝死症的機率。當寶寶長到六個月

黃醫師聊聊天

有研究指出，常見於奶瓶等塑膠容器的化學物質雙酚A（bisphenol-A），會影響人體荷爾蒙（尤其是雌激素）的分泌，導致青春期早熟。看到這篇文章，我趕緊把家裡的PC奶瓶換成玻璃材質，只剩下一兩瓶PES的方便帶出門。

大之後，奶嘴就只剩下安撫的作用，而且會影響牙齒的發育，我建議到時候再戒除。

親自哺乳的媽媽，專家建議接近一個月時再開始給寶寶用奶嘴，以免影響寶寶吸吮乳頭的動作。如果是親自哺乳，建議使用乳膠奶嘴（黃色軟軟的那種），材質觸感比較接近媽媽的乳頭。至於使用配方奶者，則選購矽膠奶嘴即可，比較耐用。

6. 嬰兒吸鼻器

雖然寶寶出生後，醫院通常會送媽媽一個吸鼻器，然而這種吸鼻器因為不能清洗消毒，只能用幾次。因此，可以先買一個簡單、可拆卸清洗的吸鼻器備用。

黃醫師聊聊天

很少人知道奶嘴其實可以減少嬰兒猝死的機率；可能是因為奶嘴會把那些容易悶住口鼻的東西撐開，進而讓寶寶暫時有呼吸的空間。

奶嘴雖然有安撫作用，但是當寶寶年紀接近四個月大時，可能會增加半夜啼哭的機率（因為奶嘴掉了半夜起來找不到而生氣）。如果六個月之後長牙還戒不掉奶嘴，則會增加蛀牙、鵝口瘡、中耳炎等等疾病，所以六個月以後還是要盡快戒奶嘴。

黃醫師
聊聊天

吸鼻器當中，我最喜歡一種像「把噗」形狀的吸鼻器，前面細細軟軟的，可以輕輕伸入鼻孔吸鼻涕。現在還有一種更新款的，也是這種「把噗」形狀，但是髒鼻涕可以「只進不出」，非常方便，而且很便宜，一、兩百塊就搞定。至於那種利用連通管原理從嘴巴吸鼻涕的，根據家長的反應，不好用。

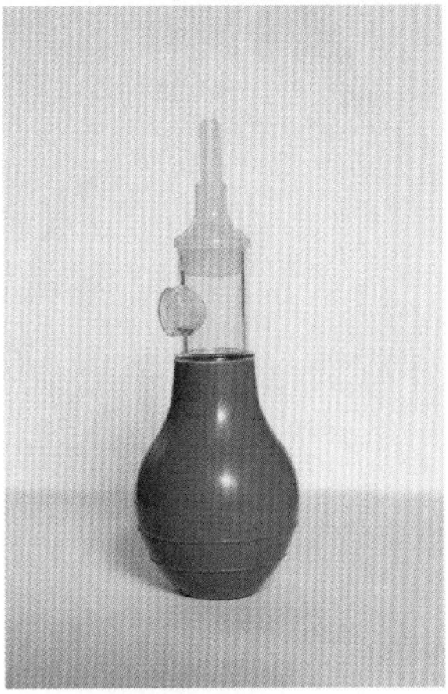

圖1-1：吸鼻器
新款的吸鼻器，是「把噗」形狀，髒鼻涕可以「只進不出」，非常方便。

7. 肛門溫度計或耳溫槍

雖然耳溫槍用在嬰兒身上，因為耳道比較狹窄，檢測結果不會很準，但還是具有參考性，可以買一支在家裡備用。肛門溫度計在使用上比較麻煩，但是想確定體溫的時候還是用這種最準確。

8. 嬰兒前揹帶或揹巾

網路上有很多媽媽在討論，究竟是揹帶好用，還是揹巾好用？雖然熟悉揹巾使用方法的媽媽，一致對揹巾讚不絕口，但是根據我與家長聊天的經驗顯示，有些人還真的怎麼學都學不會，可能跟天分有關。我建議購買之前，先借別人的寶寶揹一揹、練習一下，確定會使用再買。

9. 提籃型嬰兒安全座椅

很多台灣家長都不買嬰兒安全座椅。我很好奇，出院時他們的寶寶是怎麼坐車回家的。要知道，**抱著寶寶坐車是很危險的事情，不只是車禍，只要來個緊急煞車，都可能對寶寶造成不可磨滅的傷害。**車速只要區區時速五十公里，發生車禍時就可能讓孩子的頭撞上儀表板或擋風玻璃，造成頭骨受傷，甚至飛出窗外。而且使用汽車安全座椅也可以減少孩子暈車的感覺，減少哭鬧，避免影響駕駛情緒，所以這個錢絕對不要省。嬰兒安全座椅的選擇，將在第六章（第二百六十六頁）有專文介紹。

10. 嬰兒車

新生兒的嬰兒車是平躺式的，有別於四到六個月以後的坐式嬰兒車。當然現在有很多新款的嬰兒車可以從新生兒時期用到大，方便度自然不在話下。

11. 生產包

生產包裡其實不用帶太多東西，醫院都會準備，帶太多只會徒增自己的煩惱。帶一套寶寶的衣服，出院時可以給他穿，另外別忘記帶一條包巾。至於媽媽的東西——免洗褲準備兩包、大片的衛生棉數包（不要那種中間有凸起的，摩擦到傷口會痛）、溢乳墊、一套乾淨的衣服出院時可以穿，以及個人用品如眼鏡等，應該就可以了。其他如產褥墊、睡衣等，醫院都有準備，不用擔心。

黃醫師聊聊天

國民健康局的《孕婦健康手冊》當中也有迎接寶寶的準備，可以參考看看。但其中有很多東西我認為並非必要。比如說嬰兒油、洗髮精、奶瓶嘴十幾個，這些都是寶寶出生之後再視情況選購即可，或許根本用不著。懷孕當中還有很多事情要操心，但因為我是小兒科醫師，所以對於產前檢查、超音波、羊膜穿刺這些懷孕當中相關的問題，還是留給正牌的婦產科醫師解答比較恰當囉！

2 寶寶出生後

如果一切正常的話，自然產的寶寶觀察兩、三天就可以回家了。這兩三天當中，媽媽什麼都不用想，只需專心餵奶與休息，其他的問題都交給專業的醫護人員照護即可。若媽媽選擇在「母嬰親善醫院」生產，寶寶出生後很快就會送到您的懷裡，在護理人員的幫助下，讓寶寶嘗試吸吮母乳。之後大約每兩到三小時就要餵一次奶，所以媽媽一定要抓緊時間休息，「最好拒絕所有的訪客」。正確的哺乳姿勢我將會在後面章節描述。剛出生的寶寶跟電視影片裡的漂亮嬰兒很不一樣，老實說，奇形怪狀還真不少，所以請別擔心。可以參考下一章節有關寶寶外觀的描述。

1. 新生兒代謝性疾病篩檢

新生兒出院前會扎足跟的血液做「新生兒代謝性疾病篩檢」，篩檢的內容包括蠶豆症、先天性甲狀腺不足，以及一些罕見的代謝性疾病。目前，全國已實施新一代的新生兒篩檢，可以發現超過二十種以上的疾病，比傳統篩檢只能檢查出五種疾病進步許多。初次篩檢結果如果出現異常，相關人員會以電話告知家長，並要求寶寶返院複檢，當您收到這類通知的時候，切莫驚慌，因為大部分可能是驗錯了，需要重新檢驗（最常驗錯的疾病是「先天性腎上腺增生症」）。

如果複診仍然異常，才能確定罹病，需遵照醫師指示盡早進行治療，並可在醫師及相關罕見疾病基金會的協助下申請各項福利與照護。另外，如果有黃疸的話，寶寶也會扎足跟的血液檢驗黃疸值。說了這麼多，唯一不會驗的就是「血型」；如果家長希望知道寶寶的血型，要「特別」跟醫師或護士說，並自費檢驗才能得知。

三天後，若沒有黃疸或其他問題，您的寶寶會打完第一劑疫苗才返家。如果是早產兒，必須體重達兩千克，家長學會照顧所需技巧之後，才可以回家。回家以後請詳讀《寶寶手冊》，裡面有很多國民健康局所提供的重要資訊。有些家長直到小孩上小學了，都還沒看過寶寶手冊裡的內容，實在很不可思議，也十分可惜。

黃醫師聊聊天

生完小孩的第一天通常很興奮，小寶寶也特別的乖，新手媽媽可別高興太早。我建議此時應禁絕所有訪客，手機關機，除了餵奶之外，專心睡大覺，因為第二天過後，傷口疼痛、疲勞，還要餵奶，挑戰才真正開始！除此之外，媽媽可以趁還在醫院時，自己接種新型的「破傷風、減量白喉、非細胞性百日咳混合疫苗（Tdap）」。有關這個疫苗對於媽媽與寶寶的好處，請見本書第二百九十頁。

2. 自費檢查

出院之前，常常有醫療院所會提供「新生兒自費檢查」給家長勾選。如果您經濟上並不充裕，千萬不要覺得沒有做這些檢查會對孩子有虧欠。這些檢查只是讓您「提早知道寶寶可能有的問題」，所以就算沒有提早知道，總有一天還是會被檢查出來的；以台灣目前的醫療環境而言，這兩者後果並不會差很多。我的兒子出生後就沒有做任何自費檢查的項目。**我的建議是除了聽力篩檢之外，這些自費檢查可做可不做。**不過再過幾年，聽力篩檢也要被政府列入常規新生兒篩檢項目之一了，目前只要父母一人設籍台北市，寶寶聽力篩檢是免費，其他縣市請與地方衛生機關詢問最新狀況。

雖然這些自費篩檢常常是提供「花錢買心安」的功用，但我發現非常多家長，因為不是很清楚篩檢結果的來龍去脈，反而把一些無關緊要，甚至根本正常的診斷報告誤以為是嚴重的異常，弄得全家愁雲慘霧，反倒是「花錢買罪受」。這不是家長的錯，而是沒有一位溝通良好的醫師跟您詳細討論檢查的結果。因此，在還沒跟醫師討論之前，請先稍安勿躁，看看我以下的介紹：

（1）罕見疾病基因檢查

大概只有幾家醫學中心，有能力執行罕見疾病基因檢查，而且執行的疾病項目也不同，費用也不便宜。如果家長真的非常謹慎，那麼做一下此篩檢也無不可，但基本上，結果呈陽性的機率非常的低。只是這類篩檢對於日後的照顧是否有影響，就要看疾病本身的表現。據我所知，通常這些疾病皆屬於「非常非常罕見，治療也十分困難」的絕症，發病的時間可能會在五年後，十年後，甚至更久。因此，在還沒有發病的這麼多年當中，心中存在一個陰影，對於孩童的發展是好是壞，是一個難解的醫學倫理問題。在基因體醫學越來越發達的世代，未來肯定會有更多這類的罕見疾病基因檢查，因此，在保護兒童，或是社會福利制度上，是該開始思考與準備的時候了。

（2）聽力檢查

可以及早發現寶寶的聽力問題，此項檢查我很推薦。**大約每一千個寶寶會有一個有聽力障礙**，如果聽力檢查沒有通過，必須定期追蹤，並及早請耳科聽力專家做追蹤治療。

（3）腦部超音波篩檢

主要檢查腦部是否有特殊的病變，比如說長了一個囊腫或者出血等現象。但是，很多正常的寶寶，腦部超音波也可能會看到一些鈣化或小囊泡，把媽媽嚇得要命。很多家長因為看不懂診斷結果嚴重與否，導致鎮日焦慮不安，憂愁難過。請記得，不管腦部超音波給您什麼診斷，只要問醫生兩個問題。第一，需不需要開刀？第二，會不會影響未來腦部發育？如果兩個問題答案都是否定的，那麼不管診斷寫些什麼，都安心的睡大覺吧！寶寶一定會健康長大的。

（4）腹部超音波篩檢

檢查肝、膽、腸胃道是否異常，尤其是肝、膽的部分。新生兒最怕膽道閉鎖等等先天性疾病，因為會造成日後肝臟硬化（liver cirhosis）。不過，就算沒有腹部超音波篩檢，寶寶手冊裡的「大便卡」也是早期診斷此疾病的好工具，藉由觀察新生兒大便顏色，就可以提早知道寶寶是否有膽道閉鎖等問題。

（5）腎臟超音波篩檢

這是最常造成「驚嚇」新手爸媽的項目。報告上輕描淡寫的一句「輕微水腎，兩個月後追蹤」，卻總是讓家長們以為寶寶先天腎臟就不好。哎呀，別擔心！如果報告書上寫著「輕微水腎」，**這是新生兒常見的現象，大多數水腎在兩三個月後，都會恢復正常大小。**但如果醫師寫的是「嚴重水腎」，就必須徹底檢查是什麼問題讓寶寶腎臟嚴重水腫。其他如腎臟萎縮、多囊性腎臟等等，也都是比較不正常的結果，需轉介小兒腎臟專科醫師判讀。如果您的寶寶有「輕微水腎」，照顧上應該注意些什麼呢？答案是：完全不需要特別照顧，喝奶正常喝、尿布正常換，一切順其自然。只要記得一件事，就是未來如果寶寶有因為無緣無故發燒而就醫，跟醫師稍微提醒一下：「寶寶新生兒篩檢時有發現輕微水腎，可以幫忙檢驗尿液嗎？」這樣就可以了。

（6）心臟超音波篩檢

不用多做解釋，目的當然是檢查寶寶是否有先天性心臟病。心臟超音波報告也有一些嚇唬人的診斷名詞，比如說「卵圓孔未閉合」、「心房中隔缺損」、「輕微肺動脈狹窄」等診斷，其實是小毛小病，卻常常讓家長很擔心。首先，出生時卵圓孔未閉合是十分常見的現象，其中九成嬰兒會在三個月內關閉，另外，也有少數人的卵圓孔，到了成人時期還沒有閉合，但因為不會有任何症狀，所以，「幾乎不需要治療」。心房中隔缺損也是另一個「不會有症狀」的疾病，兒童期只要追蹤即可，只有少數人在孩童期之後還沒閉合，才需要用心導管手術將洞補起來。總之，嬰兒期的卵圓孔未閉合、心房中隔缺損、肺動脈狹窄等等，都不需要處理，也不會影響心臟功能，擔心？大可不

黃醫師聊聊天

我認為，將自費超音波篩檢的報告書直接寄到家長的信箱，是很殘忍的作法。我已經碰過太多的媽媽，因為報告書上寫的疾病，連哭了一個禮拜，來到我門診時才知道，她的寶寶根本沒有病！不要找那種會嚇唬人的醫師。——除非您有自虐的傾向。

必。

最後給各位家長一個經驗談，如果要為寶寶保險的話，請務必「先保險，再做自費篩檢」。很多保險公司不管輕微水腎是否常見，或者腦部囊腫是否良性，只要看到不是正常，一概拒保。我看過許多家長疲於奔命，寶寶明明很健康，就為了一張「正常」的診斷書，反覆回診追蹤超音波，徒增困擾，何苦來哉？切記！保單到手，再來自費篩檢。

3. 找一位適合的小兒科醫師

由前述的結論可以知道，一位合適且能溝通的小兒科醫師，對寶寶的健康與家長的心情，是非常重要的。如何分辨誰是好的兒科醫師呢？我認為有三個重要的指標：第一，問診與身體檢查要仔細；第二，不隨便開藥，或隨便開立抗生素；第三，願意花時間解釋病情或檢查結果。

要怎麼知道醫師身體檢查是否仔細呢？告訴大家一個小祕訣，如果替嬰兒看診的時候，會細心地把尿布解開檢查的醫師，就算是符合仔細的條件了。至於開藥的內容，看看藥單的項目，一般不要超過七種，若是能控制在四種藥物之內，可以算是非常高明的小兒科醫師。最後一項清楚解釋病情，就要看醫師與病人之間是否有「默契」；至少，家長要聽得懂醫師講的話，溝通順暢，而醫師也肯花時間解釋到讓您大致了解狀況，這才算圓滿達成。

十八歲以下的兒童，最好固定給一兩位信任的小兒科醫師看診。家長不要自作聰明，依症狀自己去找耳鼻喉科、泌尿科或胸腔科看診，這樣不是很正確的作法。非兒童專科的醫師並沒有接受兒科醫師養成的三至五年訓練，許多兒童的問題，也不盡熟悉。不管孩子生了什麼病，呼吸道也好、腸胃道也好、皮膚病症也好，應該先讓您信任的那一位小兒科醫師診斷之後，在必要的狀況下轉診，這才是最好的模式。根據統計，藉由這種模式看診的醫療糾紛最少，相對的正確診斷的機率也比較高，我想這才是兒童保健之福。

最後，我也期許自己與同行的小兒科醫師能花更多心思在兒童衛教上。最近台灣很紅的「百歲丹瑪醫師」曾經說過：「不願意衛教的醫生，就不算真正的小兒科醫師。」我深表贊同。

門診時曾有一位媽媽問我：「請問醫師，幼兒的副食品應該怎麼添加？」問完之後，又好像很不好意思的自問自答：「沒關係，

黃醫師聊聊天

我台語不好，所以有些只會講台語的阿嬤，常常聽不懂我說的彆腳台語；對她們而言，我真的不是一位「溝通良好」的小兒科醫師（笑）。

您病人很多，我回去問朋友或長輩就可以了。」我聽了有點難過，連忙拉住她，告訴她想要知道的資訊。很顯然地，很多家長覺得醫師只負責看病，至於其他營養餵食問題，問「藥局老闆」就可以，這真是兒科醫師的悲哀。我真心希望每一位家長，能找到熱心衛教的兒科醫師，因為這是我們的專業，也是我們的職責所在，要讓您家寶貝未來十八年內，都可以健康快樂的成長！

黃醫師聊聊天

在大醫院裡，一個小兒科部門裡還分成很多次專科，比如說小兒腸胃科、小兒感染科、小兒腎臟科等等。同樣是腸胃科醫師，小兒腸胃科醫師和大人腸胃科醫師，看的疾病範疇是天差地遠，對於診斷與治療的學問也大不相同。當病童從診所轉診大醫院的時候，診所兒科醫師會根據疾病，推薦醫學中心裡最符合症狀的小兒次專科醫師。若是家長自己求診，通常門診表上會有「醫師專長」一欄，可以作為參考。

3 疫苗Q&A

寶寶出生之後，最令人困擾的事還包括繁雜的疫苗計畫。翻開寶寶手冊後面摺頁，就是一張「預防接種時程及記錄表」，顏色有紅色、藍色、黃色，看起來有些混亂。這張表其實並不難解讀，但是因為民國九十九年之後有一些政策的改變，很多家長手上的那一份時程表是舊版的，打的疫苗常常不是上面所寫的疫苗。

疫苗的時程

如果想要知道最新版本的時程表，可以上疾病管制局網站，就可以看到最新版的疫苗時程表。

我將目前最新的版本附在本書，家長可以參考。這張圖告訴家長，寶寶多大的時候，可以打什麼疫苗；除了第一格「B型肝炎免疫球蛋白」並不是每個人都要打之外，其他的格子都要打完蓋章，才能上小學。

我幫各位算過了，必須接種的疫苗到小學前共需要打十六針。另外，加上七歲時口服一劑小兒麻痺疫苗。如果加上自費接種肺炎鏈球菌疫苗和A型肝炎疫苗，就需有再加六針，一共二十二針。

除了「卡介苗」是預防嚴重結核菌感染，可能大家不太清楚以外，其他疫苗是用來預防什麼疾病，都寫在標題上了。從二〇一〇年開始，幼兒全面改接種免費「白喉、破傷風、非細胞型百日咳、B型嗜血桿菌及不活化小兒麻痺五合一疫苗」，讓寶寶少打好幾針以及得到更多的保護，是兒童疫苗政策新的里程碑。

除了時程表列的疫苗之外，還有其他自費的疫苗可選擇，是沒有寫在上面的。**自費疫苗有三種：肺炎鏈球菌疫苗、口服輪狀病毒疫苗以及A型肝炎疫苗。**其中A型肝炎疫苗在山地鄉、金門縣與連江縣是免費，其他地區則要自費，小孩一歲之後就可以接種。而肺炎鏈球菌與輪狀病毒，分別代表了小兒感染症最常見且重要的細菌（肺炎鏈球菌）與病毒（輪狀病毒）。

肺炎鏈球菌疫苗

肺炎鏈球菌會造成的疾病包括肺炎、中耳炎、鼻竇炎、腦膜炎，甚至敗血症等等。這麼重要的致病菌，人類當然會想要發展出疫苗來對抗它。問題是，肺炎鏈球菌的分型總共多達九十種。這麼多種型別的細菌，要選哪幾型來製造疫苗，的確讓發展疫苗的科學家相當的頭痛。

目前，在台灣上市的肺炎鏈球菌疫苗主要分為兩大類。第一類是舊型的二十三價疫苗，由九十種肺炎鏈球菌莢膜多醣體抗原中，選擇二十三種製成。這種舊疫苗的優點是，可以保護高達二十三種不同型別的細菌侵襲，範圍相當廣；然而缺點是，這種疫苗對兩歲以下的小孩並沒有效果，即便是打在兩歲以上的小孩，其局部副作用較大，保護力的持續性也不夠長，大約三至五年就要再加強補打一劑。因此，目前不建議使用在小孩身上。

另一類屬於「接合型疫苗」，有分十價、十三價兩種。接合型疫苗藉由新的技術，可以讓兩歲以下接種的孩童產生抗體，降低孩童鼻咽部之病菌帶原率，減少侵襲性感染，並預防中耳炎發生。這些接合型疫苗都適用於兩個月大以上的嬰幼兒：六個月大以下的小孩需要打四劑（兩個月，四個月，六個月，一歲），七個月到一歲大共需三劑（七個月，九個月，一歲），一歲到兩歲的幼兒需要兩劑，兩歲以上的孩子只要一劑即可。

必須注意的是，雖然接種接合型肺炎鏈球菌疫苗，可以預防中耳炎與鼻竇炎，但疫苗對於這兩種病的預防效果都只有三〇%左右。相反的，疫苗預防肺炎的效果則高達八〇%以上，價數越高，預防的效果越好。家長不要期待打完疫苗孩子就完全不會得到中耳炎，或者完全不得到肺炎，只是降低機率而已。至於要打十價，或是十三價的疫苗？雖然價數越高越好，但是十價疫苗可同時抵抗「嗜血桿菌」，對中耳炎多了一層保護，兩種疫苗各有利弊。我個人的意見是（其他專家們目前意見分歧），如果家中有兄姐親戚時常中耳炎感染，也許下一個寶寶可以考慮接種十價疫苗二至三劑，但之後一定要再補強一至兩劑十三價疫苗。如果家中從來沒有人患中耳炎的問題，直接打十三價疫苗即可。

輪狀病毒疫苗

如果您家的寶貝曾經因為嘔吐或腹瀉而求醫，應該對於輪狀病毒這個名詞不陌生。輪狀病毒感染每年造成全世界五十萬個嬰幼兒死亡，尤其是在中低收入的落後國家。雖然，在台灣因醫療水準高，死亡率極低，但估計，每年仍有約半數五歲以下的幼童因感染輪狀病毒而入院，其中，又以六個月至兩歲的幼兒最容易被感染。

目前有兩家藥廠製造輪狀病毒疫苗，產品名稱分別是

黃醫師聊聊天

目前設籍台北縣（新北市）居民，兩歲以上小孩可免費贈送一劑肺炎鏈球菌疫苗。有人會說，那就等兩歲以後再打，可以省很多錢。話是這麼說沒錯，但打疫苗就像買保險一樣，兩歲以後才打，就無法保護兩歲之前的孩子不被感染了。某些地方政府在民國一百零一年後會擴大免費的贈送的族群，但全國免費接種似乎還有得等待。

羅特律（Rotarix）以及輪達停（Rotateq）。這兩種疫苗都只能在嬰兒六週大以後開始服用，主要的差別在於「羅特律」只要吃兩劑，每劑必須相隔一個月以上，在寶寶二十四週大之前吃完即可；而「輪達停」則是要吃三劑，也是相隔一個月以上，在三十二週大之前服用完畢。超過三十二週（約八個月）之後，就不可以再吃輪狀病毒疫苗了。

兩種口服疫苗效果都很好，也證實對人類較流行的五種血清型輪狀病毒皆有效；對於嚴重腹瀉的保護力都在八五％至一〇〇％左右，而對輕微的輪狀病毒感染也有六三％至七三％的保護效果。

在二〇一〇年初，兩家廠商都發現疫苗裡有污染到一些「豬環狀病毒」的DNA片段，的確讓醫界與家長都嚇了一大跳。不過到目前為止，世界各國都繼續使用這兩種疫苗，主要是因為專家們不認為這次汙染事件有安全性疑慮。兩種疫苗上市後到目前為止，追蹤安全紀錄仍然非常良好，全球已經投予了上千萬劑的疫苗，都沒有什麼特別不良副作用的報告。

嬰兒口服輪狀病毒疫苗常常碰到的問題是：如果服用後吐掉了，要不要再補一劑？答案是：不用再補，只要有吞進去一點點就會有反應。但是有腹瀉或嘔吐症狀的嬰兒，應延後接種。

政府對於口服輪狀病毒疫苗目前還沒列入常規接種計畫，希望家長們與兒科醫師一起努力，未來將此疫苗列入免費接種項目之一。

有關疫苗注射常見的疑問

一般父母常常擔心的問題是，疫苗打完會不會發燒？一起打會不會比較多副作用？自費疫苗要不要打？生病可不可以打疫苗？讓我一一來回答。

首先，在過去的經驗當中，最會引起發燒的舊型三合一疫苗已經取消，全部改用新型「白喉破傷風非細胞性百日咳、B型嗜血桿菌及不活化小兒麻痺五合一疫苗」。因此，以現行的疫苗來看，**幾乎都不太會引起發燒了**。其中水痘疫苗與麻疹腮腺炎德國麻疹混合疫苗這兩種，並不會引起立即的發燒，乃是可能在一兩週後才發燒，家長必須要辨明之。其他副作用在寶寶手冊上都有詳述，醫療院所也應該提供這些資訊，大致上參考即可，發生率極低。

疫苗可不可以一起打？當然可以！而且還好處多多。如果兩三針一起打，免疫效果一樣可以達到，這是第一個好處；寶寶不用頻繁的跑醫院或衛生所，減少被感染的機會，這是第二個好處；要痛就一次痛完，不要讓寶寶一直經歷到醫院的痛苦，這是第三個好處。

如果都按照表列的時程進行的話，同一個時段最多只會打到三針，其實也沒有很多。

自費疫苗要不要打？從小兒科醫師的角度來看，一個疫苗上市，必定有它的醫療貢獻，如果經濟上許可的話，應該都要接種。打疫苗就像是買保險，買的保險越多，雖然越花錢，然而要是真正遇上意外時，就算不得什麼了。疫苗也是一樣，如果您的寶寶得到上帝的眷顧，完全不會生病，那麼這些疫苗的確是不需要接種；但萬一真的不幸生病了，恐怕屆時再回想起沒有幫小孩接種疫苗的疏忽，必定後悔不已。

生病可不可以打疫苗？這裡提醒所有的讀者，**除非是發燒，或者有急性症狀的孩子不能打疫苗之外，其他狀況都可以打疫苗**。過敏性鼻炎？當然可以打；小感冒？當然也可以打；中耳積水？也可以打；總之時間到了，沒有發燒，大致上都可以放心的接種疫苗。

接種疫苗教戰守則

全民健保目前提供七次免費的兒童預防保健服務，也就是這七次到醫療院所打預防針，都不用付任何掛號費或診察費。但是這七次的時間限制非常嚴格，其中四次必須在一歲半之前使用。法規如下：

1. 未滿一歲六個月：補助四次。

2.一歲六個月以上至未滿兩歲：補助一次。

3.兩歲以上至未滿三歲：補助一次。

4.三歲以上至未滿七歲：補助一次。

看看健康手冊就知道，一歲半之前寶寶要接種的疫苗特多，包括一劑卡介苗、三劑B型肝炎疫苗、四劑五合一疫苗、一劑麻疹腮腺炎德國麻疹混合疫苗、一劑水痘疫苗，以及兩劑日本腦炎疫苗。這十二針都要在四次免費的預防保健服務內全部打完，幾乎是不可能的。這裡教大家幾個省錢妙招，保證不會多付冤枉錢：

1.能夠一起打的疫苗就一次打完，不要分兩次、三次打。

2.每次打疫苗的時間要在預定的年齡之後來接種；比如說應該兩個月大打的疫苗，就一定等到滿兩個月以後再來打。

3.如果到醫院接種疫苗，正好寶寶有需要尿布疹的藥膏、皮膚炎的藥膏，或者需要輕微流鼻涕的藥水，都可以請醫師判斷後開藥。只要有看病開藥，那次看診就可以算一般就醫，三歲以下免部分負擔，只需支付掛號費即可，在大醫院可以省掉好幾百元。但請不要強迫醫師開藥或假造病歷，這樣是違法的喔！

4.如果已經是很有帶孩子經驗的家長，沒有什麼問題要問醫師，也沒有需要其他的藥物，那麼可以帶孩子去衛生所接種疫苗，最便宜。（不過有時候醫師可以在寶寶身上發現一些家長沒有意識到的問題，所以不放心的話，還是到醫院讓醫師看一看吧！）

按照我建議的方式，就算加上自費疫苗，也可以很輕鬆的完成接種，不會整天抱著孩子跑醫院。我附上的第二個表格是依照疾病管制局資料所改編的「現行預防接種時程」，再將自費疫苗的時程都加進去，提供給爸媽做參考。由上到下，只要時間點有重疊的疫苗，都可以一起接種，不會有任何問題。

過去還有一種「六合一疫苗」，但目前因為五合一疫苗變成公費之後，已經沒有市場可言，因此台灣目前找不到這種疫苗了。

第二章

寶寶常見的各項表徵

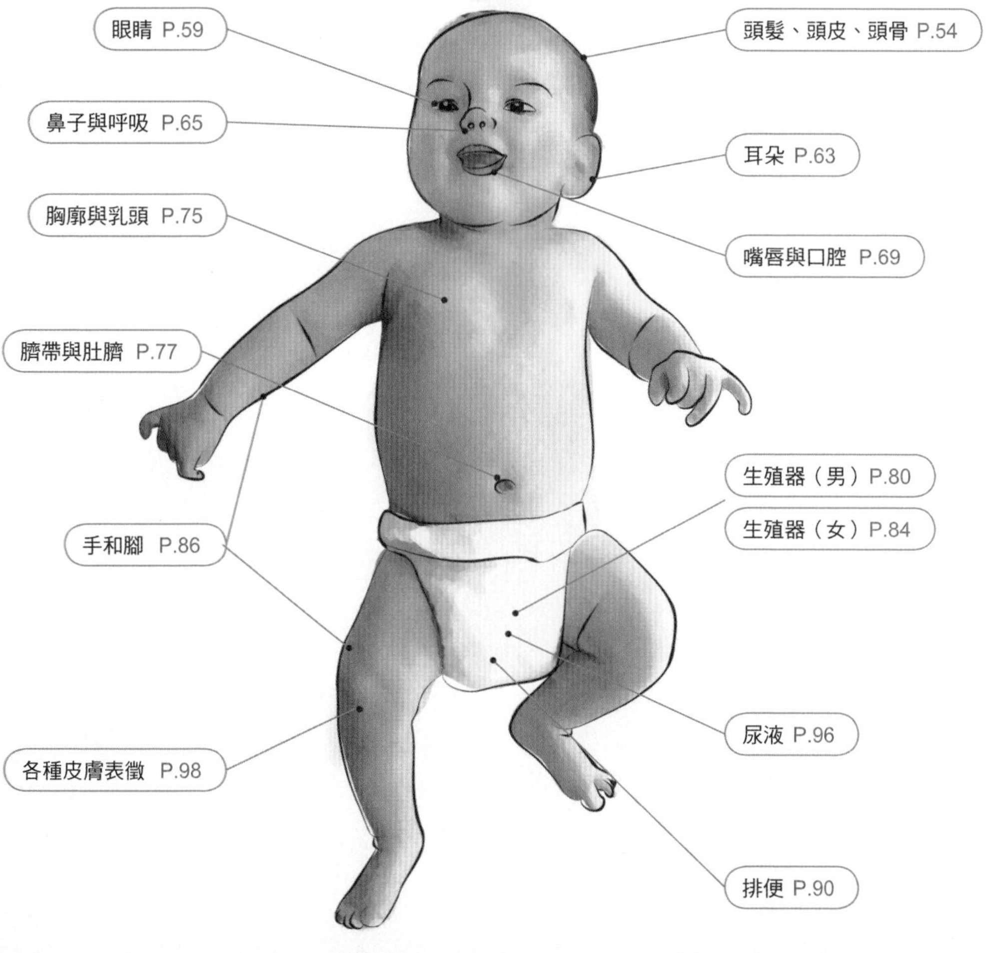

囟門凸出或凹陷

摸到寶寶的頭，第一個令人擔心的就是那頭蓋骨上，鬆鬆軟軟的「囟門」。看過武俠小說的爸爸媽媽，免不了想起那梅超風的九陰白骨爪，搞得大家不敢碰寶寶的腦袋瓜。其實別擔心，嬰兒頭顱上的囟門，覆蓋著堅韌的纖維膜，保護著寶寶的腦袋瓜，所以再怎麼用手指頭戳，也不可能戳破啦（請勿真的嘗試，雖然戳不破，還是會痛的）！

有些父母很用心，上網讀到「囟門凸出可能是腦壓升高」，又或者知道「囟門凹陷要小心脫水」，一摸之下囟門若有似無，急急忙忙就因此送醫院。這裡告訴大家，很多寶寶躺著的時候囟門摸起來都會凸凸的，這不是腦壓高，乃是正常的現象；腦壓高至少要合併嘔吐，眼睛轉動異常，頭圍變大等等跡象，不會只有單純的囟門凸出而已。

還有一些寶寶頭骨長得又硬又厚，囟門被埋在底下，摸起來好像陷下去一般，被誤認為是脫水；真正的脫水也要合併精神不濟、小便減少等等症狀，切忌杯弓蛇影喔！其他囟門的問題可以在打預防針的時候詢問小兒科醫師，什麼時候屬於緊急狀況，請看後述「送醫的時機」。

脂漏性皮膚炎

平均每一次門診至少要被問五次：「醫生啊，頭上那個黃黃油油的『痂皮』，怎麼摳都摳不完，好不容易摳掉又會冒出來，怎麼辦？」看著寶寶頭皮被摳成紅紅一片，真是慘不忍睹！各位家長，頭皮上的痂皮，叫做「嬰兒脂漏性皮膚炎」，二〇%的正常寶寶都有這個小毛病喔！嬰兒脂漏性皮膚炎大約在兩個月到六個月大的時候發生，之後就會漸漸消失了，除了頭皮上有，眉毛上也常常發生。

這些油油的痂皮，是來自媽媽的荷爾蒙刺激寶寶的皮脂腺過度分泌導致。有些寶寶的痂皮長得非常誇張，多到整個頭皮像是戴了一頂油油的安全帽，即便這種狀況依然不要緊，只要用清水按摩沖洗，到

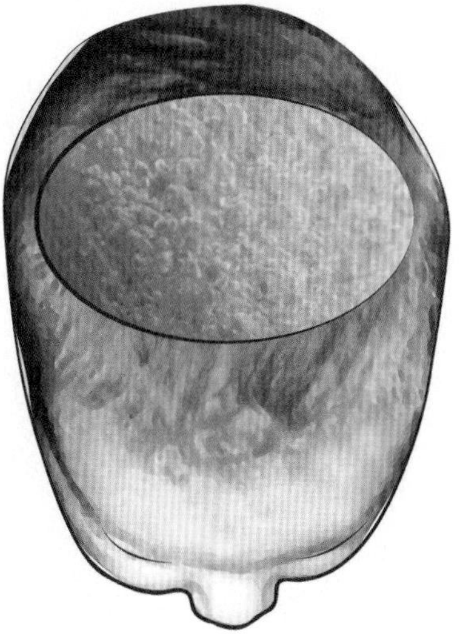

圖2-1：嬰兒脂漏性皮膚炎
頭皮上黃黃油油的痂皮，是「嬰兒脂漏性皮膚炎」。二〇%的正常寶寶會有這個小毛病，約兩個月到六個月大時會發生，之後就會漸漸消失了。

了六個月大時自然會脫落喔！如果家長愛漂亮，看到寶寶的頭皮這樣很難過，可以塗抹輕微的類固醇藥膏，一週之後，症狀就會減緩。

掉髮

台灣流行幫初生的寶寶剃頭，剃完頭幾個月以後，寶寶後腦杓的頭髮就會開始不見，看起來好像禿頭一般。天啊！寶寶怎麼才出生沒多久就開始掉頭髮了呢？有些媽媽會抱怨：「一定是因為仰睡，頭皮一直磨，才把頭髮都磨掉了！」喔不，不是這樣的。**嬰兒掉髮是一種正常的現象**，因為新生頭髮的新陳代謝快，第一批頭髮很快就會脫落，所以才有嬰兒暫時禿頭的現象；等第二批頭髮長出來以後，就不會再禿頭啦！

腫瘤？淋巴結？

摸摸寶寶的後腦杓，咦？怎麼有一兩顆圓圓的、有點彈性、揉它會動來動去、大概像黃豆大小的腫瘤？放心，這不是腫瘤，這是正常的「淋巴結」。

寶寶的皮下組織裡藏了好幾百顆的淋巴結，用來保護他們不受感染。剛出生的時候，淋巴結可能摸不太到，等到寶寶幾個月大時，會有幾顆淋巴結越來越大，直到學齡年紀都還摸得到。

除了後腦杓以外，還有哪些地方摸得到淋巴結呢？包括耳朵後面、脖子、胯下，都是爸媽們會摸到淋巴結的地方。這些淋巴結只要符合四個條件：「質地軟有彈性、有滑動感覺、小於一．五公分、壓不會痛」，那麼就可以安心觀察，但切忌一天到晚去搓揉它們。

頭殼變形

有些寶寶出生兩個月後，頭殼有點變形，「看起來頭歪歪」。一問之下，發現寶寶睡覺老是倒向同一側，久而久之，頭殼就變型了。

寶寶頭部可塑性的最佳時機是在出生後六個月內，之後漸漸硬化，等寶寶兩歲以後，就很難再改變了。所以此時，爸媽可以幫忙矯正寶寶的頭型，怎麼做呢？如果寶寶喜歡歪向左邊，那麼就讓他躺下的左側面向牆壁，並且將一切有趣的玩具、鈴鐺，都放在右邊。親戚朋友如果想跟寶寶互動玩耍，也都要從右邊接近他。經此調整，假以時日，就可以慢慢將頭型矯正回來。

但是有一種「先天性斜頸症」，不管怎麼矯正都無效，需要進一步治療才會痊癒。如果您在寶寶的脖子摸到一條硬邦邦的肌肉（尤其是頭歪的那一側頸部），表示可能是真正有問題的先天性斜頸，應盡早就醫。

最後，有些寶寶出生時有頭皮下血腫，或者頭皮水腫，這些都要好幾個月才會消失；其中頭皮下血腫有時會先慢慢鈣化變硬，然後才恢復正常，家長不用緊張，要耐心等待。

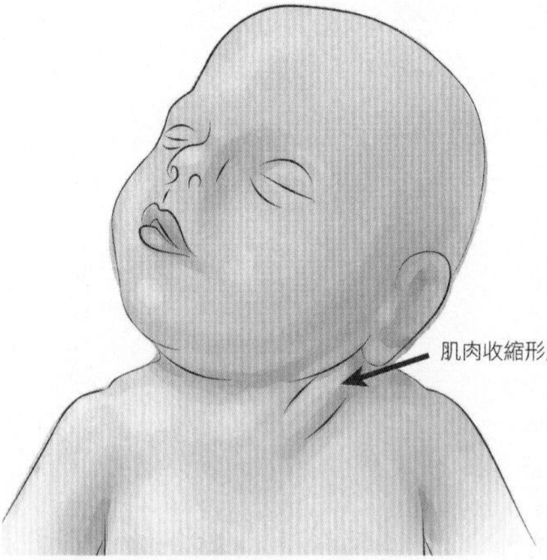

圖2-2：先天性斜頸症
寶寶脖子有一條硬邦邦的肌肉（尤其是頭歪的那一側頸部），可能就是「先天性斜頸」，需要進一步治療才會痊癒，應盡早就醫。

送醫的時機

1. 寶寶的囟門本來已經縮小，突然又開始越變越大。
2. 寶寶三天內曾撞到頭，一直嘔吐，而且囟門摸起來又凸又硬。
3. 新生兒頭皮下血腫越來越大，淤血腫到耳朵後面，要馬上送醫。

2 眼睛

視力

初生嬰兒除了光線之外，什麼也看不見，約一個月才稍微看得見東西，這時候的眼睛可以跟著物體移動。兩個月大的時候，寶寶可以看到眼前約二十公分的事物，眼前二十公分之外則是模糊的；此時也可看到光線及簡單形象，會特別喜歡玩手，注意會閃閃發光的東西。四到六個月的時候視力約為〇．一，看到東西時已經會想要伸手去抓。之後手、眼協調不斷進步，到三四歲時就可達到成人的視力了。

眼白出血

初生寶寶在眼白的地方有時候會有小小的出血，這是生產過程擠壓所造成，大約兩到三週就會不見了。

黃疸的嬰兒則會在眼白的部位看到黃黃的，尤其是喝母乳的孩子更為明顯，顏色會殘留超過一個月。要注意的是，**黃疸值看眼白的顏色深淺是不準確的**，必須由有經驗的醫生護士來評估，或是抽血檢驗才準確。

分泌物

「我的寶寶常常淚眼汪汪，或者有很多分泌物，從出生就這樣子，這是怎麼回事呢？」

別擔心，這是鼻淚管阻塞的緣故。我們來看看〈圖2-4〉，小寶寶的眼淚是從眼睛外側上緣的淚腺分泌，然後流過眼球表面，從鼻子旁邊的「鼻淚管」流進鼻腔。

許多新生兒的鼻淚管沒有完全打開，導致「下水道水管不通」，需要一段時間才會完全通暢。那要如何讓鼻淚管早日打開呢？可以每天幫寶寶做鼻淚管按摩，在鼻子上端兩翼的地方，用大人的食指由上往下按壓疏通。九〇%的寶寶在八個月大之前就不再淚眼汪汪了，但如果八個月大後仍然不通，就必須請眼科醫師幫忙囉！

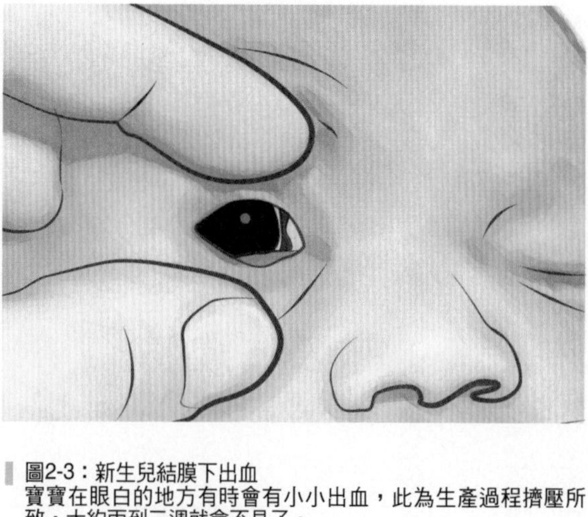

圖2-3：新生兒結膜下出血
寶寶在眼白的地方有時會有小小出血，此為生產過程擠壓所致，大約兩到三週就會不見了。

如果真的有細菌性結膜炎，眼白的部分會泛紅，加上分泌物會非常多，甚至流膿，此時才需要趕快帶去醫院檢查與治療。

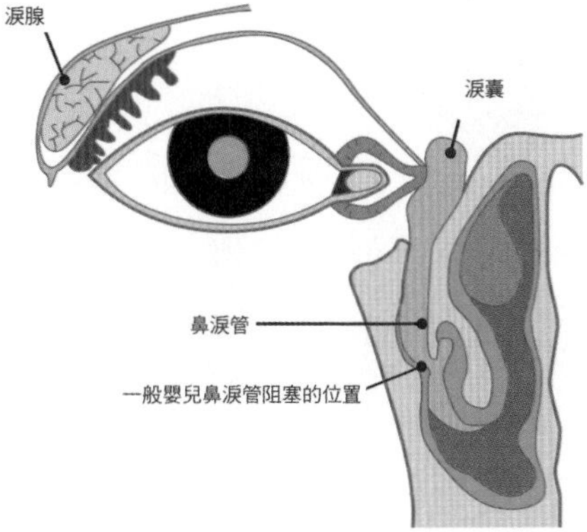

圖2-4：寶寶眼睛分泌物
新生兒的鼻淚管沒有完全打開，導致眼睛分泌物過多。但若眼白部分泛紅，分泌物過多，甚至流膿，可能是細菌性結膜炎。

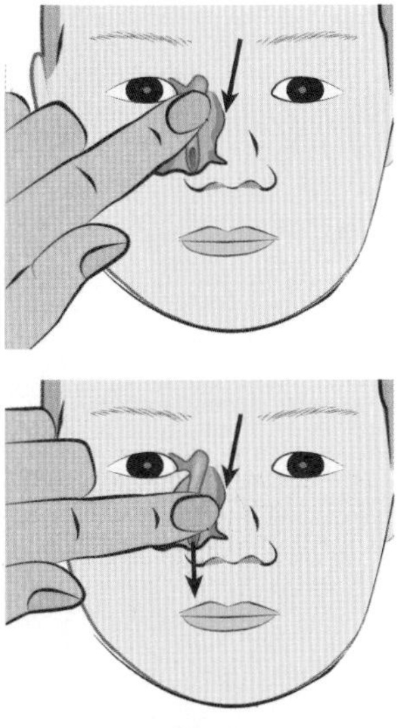

圖2-5：鼻淚管阻塞
鼻淚管按摩方式是在鼻子上端兩翼的地方，用大人的食指由上往下按壓疏通。

假性斜視

「寶寶有鬥雞眼或斜視？」東方小孩在嬰兒時期最常被誤會有這兩個問題。東方人的雙眼眼距較寬，尤其在嬰兒時期最為明顯。眼白的地方如果被鼻樑旁邊的眼皮蓋住，看起來就好像鬥雞眼一樣；寶寶如果左看右看，也容易被誤認有斜視，但這些都是寶寶正常的「假性斜視」。那要如何判斷呢？簡單的方式就是拿個手電筒遠遠對著寶寶的眼睛照光，如果反光點都落在兩眼對稱的位置（比如說都落在三點鐘方向），那麼就不用擔心囉。

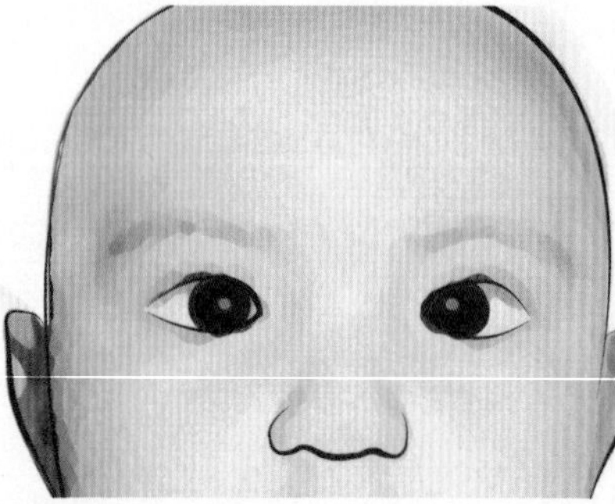

圖2-6：嬰兒假性斜視
只要拿個手電筒遠遠對著寶寶的眼睛照光，若反光點都落在兩眼對稱的位置（比如說都落在正中央），就不用擔心囉。

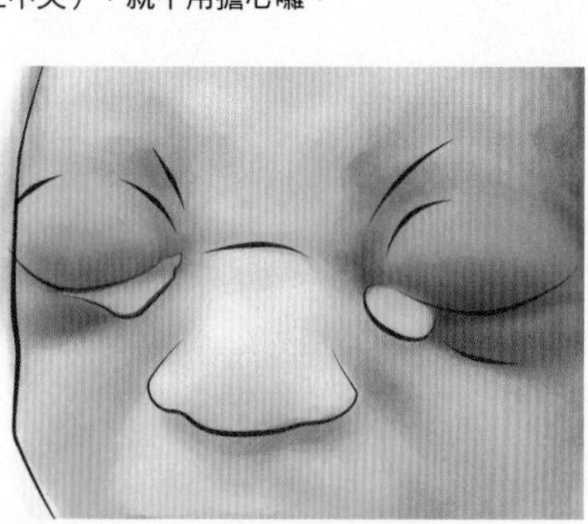

圖2-7：新生兒眼睛感染淋病雙球菌
出生後不久眼睛流膿，必須儘速就醫。

送醫的時機

1. 出生不久眼睛開始流膿。
2. 六個月大的嬰兒，眼光仍游移不定，無法定睛看人。
3. 其他明顯眼睛不正常現象。

3 耳朵

不必清耳屎

關於寶寶的耳朵，我最常被問到的問題就是：「醫生，到底要不要幫寶寶清耳屎？」我的回答是：「不用。」那耳屎這麼多，如果塞住怎麼辦？別擔心，耳屎多了自然會掉出來，不用刻意去掏。那中耳炎呢？喔！別想太多了，中耳炎和耳屎一點兒關係也沒有（在第四章我會針對中耳炎做詳細描述）。大部分媽媽幫寶寶掏耳屎的結果，都是耳屎被推得更裡面，或者傷了耳道，造成寶寶外耳發炎，得不償失。

淋巴結

在寶寶頭皮的部分我有提到淋巴結這個組織，在寶寶的耳朵後面也會有，圓圓軟軟，摸起來有點彈性的東西。這是正常的，不用管它。

黃醫師聊聊天

很多家長都誤以為耳屎不掏乾淨會感染，其實常常掏耳朵反而增加外耳感染的機率。至於中耳炎，則跟耳屎一點關係也沒有唷！

耳前廔管感染

有些寶寶有耳前廔管，就是耳朵前面皮膚上有個小小的洞，這也是很常見的問題。絕大部分的耳前廔管都沒有症狀，沒有症狀的耳前廔管就不需要開刀，除非有細菌感染、化膿潰爛，才需要治療。要怎麼預防廔管感染呢？就是不可以拿牙籤或棉花棒等尖物去挖它，也不要刻意去擠壓它。有耳前廔管的寶寶，我建議幫他測一下聽力檢查，有少部分寶寶會合併聽力障礙。

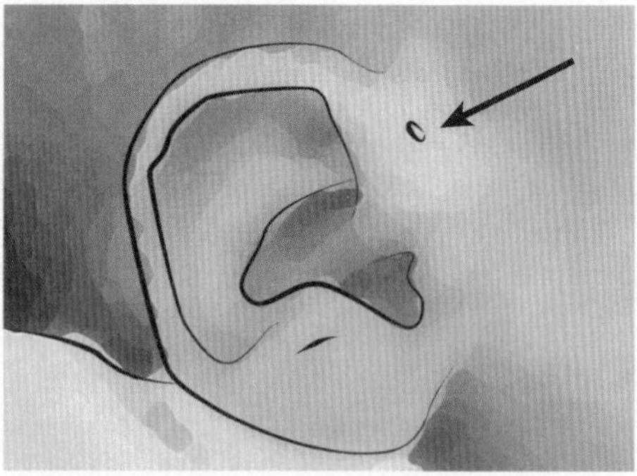

圖2-8：耳前廔管
耳朵前面皮膚上有個小小的洞，就是耳前廔管。耳前廔管除非有細菌感染、化膿潰爛，才需要治療。

送醫的時機

1. 耳朵有東西一直流出來。
2. 小寶寶一直摸同一側耳朵，並且哭鬧。
3. 耳前廔管化膿。

4 鼻子與呼吸

呼吸又喘又大聲

新生兒的呼吸次數每分鐘約四十到六十下，比大人快很多；因此，要分辨寶寶是否呼吸很喘，不能計算呼吸次數，而是要看寶寶呼吸是否很費力。費力與否的指標有兩個，第一，是肋骨凹陷；第二，是發出唉哼。如果有這兩種情況，就要立刻送醫急救，千萬不要延遲。有些寶寶偶爾呼吸會憋氣或大力的呼吸兩三下，這些都是正常的動作，無須擔心。

在台北縣市，每次健兒門診，十位媽媽當中有八位會說：「醫師，寶寶呼吸很大聲、鼻塞、有痰音，大老遠都聽得見！」真的好多人都有這

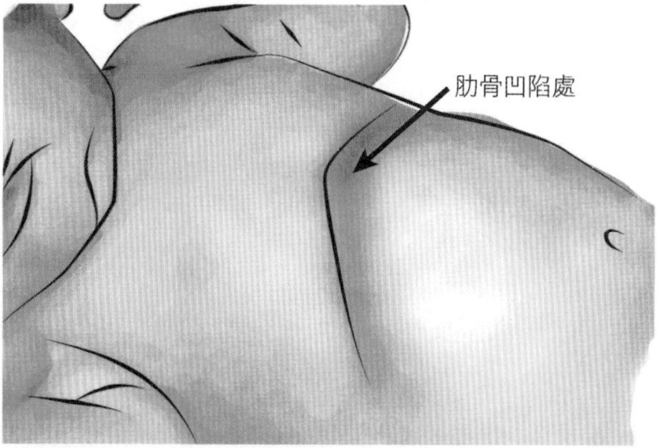

圖2-9：呼吸困難導致肋骨凹陷
寶寶呼吸若發生肋骨凹陷或發出唉哼聲，應立刻送醫急救，千萬不要延遲。

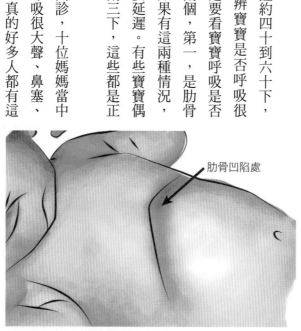

個問題啊！

嬰兒呼吸大聲有痰音，是因為鼻腔裡分泌物多，或者堆積髒東西所造成。嬰兒的鼻道本來就很狹窄，再加上都市空氣中看不見的灰塵很多，導致鼻腔分泌物增加；再加上嬰兒吞嚥口水或分泌物的功能還不是很健全，造成鼻腔常常像小淹水一樣，唏哩呼嚕的。這種呼吸很大聲的嬰兒，只要活力佳，食慾不受影響，生長發育沒有問題，也都睡得著，就不需擔心。

如果這樣還不放心？來，教大家一些解決的方法：第一，使用空氣清淨機使灰塵減少；第二，每天一次到兩次，用母乳（或生理食鹽水）滴一兩滴進去寶寶的鼻孔裡面，讓他打個小噴嚏，揉一揉鼻子，等待一分鐘後鼻腔已經濕潤了，再用吸鼻器清理鼻孔裡的分泌物與髒東西。

記得吸鼻器要買嬰兒專用的，最簡單叭噗型的那種，軟頭可伸進鼻孔裡的，鈍頭的很難吸。滴母乳到鼻孔裡面是我老師的祕方，非常有效，不妨試試看，反正有益無害。有些媽媽會問我「要不要幫寶寶拍痰？」答案是：「沒有效啦，不用再拍了。」

軟喉症阻塞呼吸

另外，有些寶寶呼吸的聲音很大是來自軟喉症。軟喉症是新生兒先天性喉部異常最常見的原因，顧名思義就是喉部的構造較軟，所以呼吸的時候結構會塌陷造成部分阻塞。

此病的特徵是吸氣時特別大聲，呼嚕呼嚕的，更嚴重的病例是隨時呼吸都很大聲。軟喉症雖然為先天性疾病，但並非一出生即出現症狀，可能會在出生一週後或一個月後呼吸才漸漸變大聲，通常在二至四個月時最厲害，也最吵。

軟喉症要開刀嗎？也不見得。如果孩子吃奶量正常，睡眠正常，體重都有增加，則不必特別擔憂，一歲之前就會自己好起來。如果孩子的軟喉症已經嚴重到影響吃睡和長大，可做雷射喉上整形術（戲稱「烤魷魚手術」），效果相當不錯，也不用挨刀子。

黃醫師聊聊天

所謂的雷射喉上整形術，就是把軟趴趴的喉部構造，比如說會厭軟骨，用雷射燒一燒。各位都看過軟趴趴的生魷魚，經過火烤一番，魷魚就慢慢翹起來，也變得較堅硬，這就是為什麼我們戲稱此手術之為「烤魷魚」的理由。

送醫的時機

1. 嬰兒不只呼吸大聲，合併精神不佳、肋骨凹陷、發燒等等急性症狀。
2. 喝奶時鼻子完全塞住，需多次換氣才能喝完，而且嘴唇會發紫。

5 嘴唇與口腔

上唇乾澀

寶寶出生以後不管是喝母乳或者是吸奶瓶，都會摩擦到上唇造成有點像乾乾的痂皮。請放心，這是正常的，並不是脫水喔。

舌繫帶

不知道為什麼，台灣人很喜歡剪舌繫帶。就我所聽到的理由，幾乎都是為了怕以後會「臭乳呆」（台語），也就是講話發音不正確。

事實上，所有「臭乳呆」的孩子當中，只有一・一％左右是跟舌繫帶有關，而且只會影響捲舌音，不會影響其他發音。很奇怪的是，只要是外科醫師做的研究，結論都是「舌繫帶要剪」；而只要是小兒科醫師做的研究，結論則都是「舌繫帶不用剪」，搞得不只家長糊塗，連醫生都糊塗了。

基本上，媽媽們只要看到寶寶的舌頭可以舔到他的下嘴唇，沒有呈現「蓮花舌」（即舌繫帶太短，舌頭呈W型），就表示舌繫帶夠長了，也就不用挨一刀，這是我良心的建議。

上唇繫帶

最近還有人流行給寶寶剪「上唇繫帶」，實在很無聊。目前沒有任何醫學標準顯示嬰兒有「上唇繫帶太短」的問題，所以，請不要被誤導了。

在牙科，雖有針對上唇繫帶的手術，但條件有三：第一，恆齒門牙完整長出來；第二，上唇繫帶會拉扯上唇內側黏膜，到受傷或缺血變白的程度；第三，門牙間距過大。

如果六歲之後恆齒長出，有上述三個條件，才需要手術。

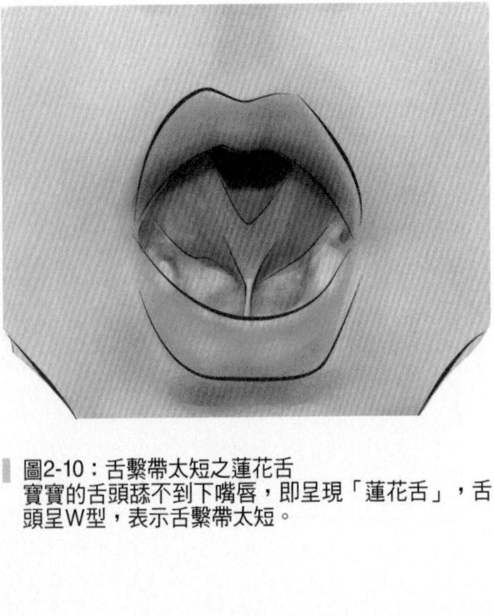

圖2-10：舌繫帶太短之蓮花舌
寶寶的舌頭舔不到下嘴唇，即呈現「蓮花舌」，舌頭呈W型，表示舌繫帶太短。

口腔白點與鵝口瘡

現在的爸媽很厲害，非常仔細地檢查寶寶的嘴巴，有時候會看到一些很小很小的白色斑點。放心，這些小白點不是腸病毒，只是正常嬰兒口腔裡會有的珍珠斑（Epstein pearls），長在寶寶上顎；或者長在牙齦上的邦氏斑（Bohn's nodules）。這些白點都不用理會它們，將來自然會消失喔！

真正需要處理的是鵝口瘡。鵝口瘡是嬰兒口腔念珠菌感染，可以看到小嬰兒的臉頰內側黏膜上，有白色不規則的斑塊。怎麼分辨這些白斑是鵝口瘡還是奶塊呢？方法一：如果能用湯匙或手輕輕刮掉的，就是奶塊。如果刮不掉，或者是刮掉就流血了，那就是念珠菌感染。方法二：通常念珠菌不會「只有」長在舌頭上，如果您的孩子只有舌頭是白的，其他黏膜都是正常，那應該只

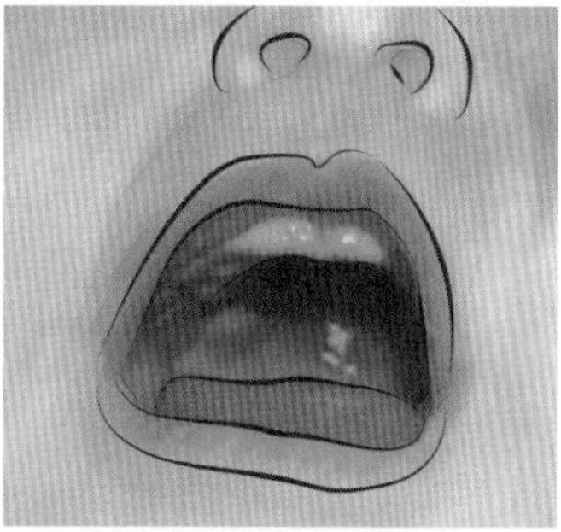

圖2-11：嬰兒口腔之珍珠斑
寶寶的嘴巴上顎有時會有一些很小的白色斑點，這不是腸病毒，是正常嬰兒口腔裡會有的珍珠斑。

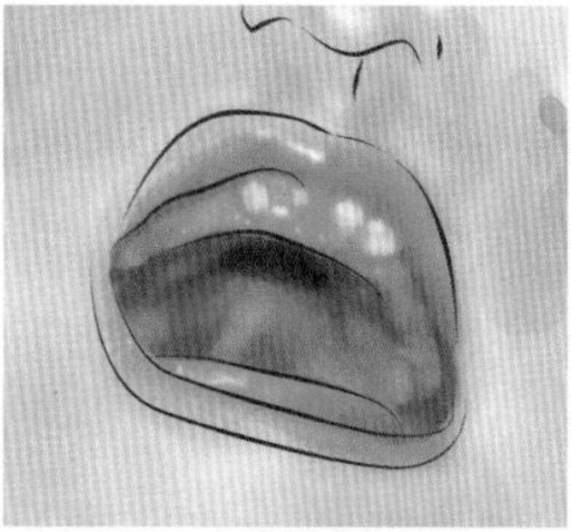

圖2-12：嬰兒口腔之邦氏斑
邦氏斑是長在牙齦上的小白點。不用擔心，將來自然會消失喔！

是奶塊，沒有念珠菌。

念珠菌是一種黴菌，本來就存在寶寶的口腔內，與人類和平共存。如果寶寶吸奶時摩擦到奶瓶，或者平常吸吮奶嘴造成摩擦，輕微的刮傷口腔黏膜，念珠菌就會孳生在這些微小的傷口上。鵝口瘡會痛，所以如果嚴重的鵝口瘡，寶寶會食慾不振，甚至哭鬧不安。

鵝口瘡的照護重點是：

1. 擦抗黴菌藥物：使用「寧司泰定」（Nystatin）或「滅菌靈」（Mycostatin）藥物，一天擦四次。怎麼擦呢？在孩子吃完奶之後，用棉棒（或用紗布包著手指頭）直接塗抹在念珠菌上。吃完奶後使用的原因，是因為我們希望藥物能停留在病灶上久一點，而不被奶水沖掉。擦一個禮拜的藥，或者擦到白白的斑塊消失後整整三天，才可以停藥。如果您是餵母乳，在您的「乳頭周圍也要擦藥」喔！

2. 改變餵奶習慣：餵快一點，不要讓一餐拖延超過二十分鐘。餵太久會使黏膜不斷摩擦而刮傷，讓念珠菌有機可乘。

3. 改用杯餵奶：如果念珠菌感染的地方很痛，讓寶寶哭鬧不肯吃奶，可以改用杯餵，

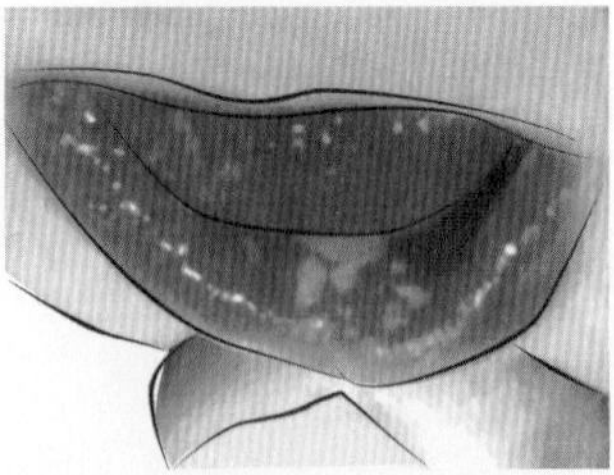

圖2-13：嬰兒鵝口瘡
念珠菌感染的鵝口瘡是分布在寶寶臉頰內側黏膜上的白色不規則的斑塊。

就不會摩擦到病灶。

4.換新奶瓶嘴：如果反覆感染念珠菌的話，請換一個新的奶瓶嘴——換另一種比較不會刮傷黏膜的奶瓶嘴。奶嘴最好戒掉不用，非用不可的話則盡量只在睡前安撫使用就好。

5.每天消毒奶嘴或奶瓶嘴：必須浸泡在攝氏五十五度的水十五分鐘以上，才能殺死念珠菌。

6.注意尿布疹：有口腔念珠菌者，屁股也可能有念珠菌感染的尿布疹。如果同時也發現尿布疹，一般的藥膏是無效的，應改擦抗黴菌藥膏（如「卡黴速停」，即canesten）才有療效。

如果擦藥都擦不好，請趕快就醫，讓醫生判斷是否有別的問題。

長牙

有些寶寶出生就有新生兒齒，或叫做胎生齒，發生率約千分之一。這些胎生齒如果搖晃，就要請醫師拔除，以免有一天掉進氣管造成窒息。

乳牙在寶寶出生時就已經在牙床裡發育完成，因此「長牙」，只是時間的問題。寶寶大約八個月的時候會開始長牙，有時候提早，或者延後到一歲三個月才長牙，都算是正常的，家長無須過於擔心。

雖然鈣質是骨骼及牙齒發展的要件，然而只要營養攝取均衡，寶寶的生長發育正常，就沒有鈣質缺乏之虞。反而是過量地添加鈣片，會使過多不必要的鈣質經腎臟排出，增加腎結石的機會。

還有一個跟口腔相關，順帶一提的觀念，就是「嬰兒長牙與發燒無關」！這個觀念在台灣人的習俗裡根深柢固，到現在還改不了。

剛剛提到，長牙約在八個月大左右，這個時候來自媽媽的抗體正在逐漸消失，寶寶抵抗力開始減弱，所以有些病毒感染就在這個年紀發生，進而會引起發燒，這跟長牙是一點關係也沒有的。認為發燒與長牙有關的媽媽會給寶寶冰敷牙齒，哎，沒有幫助啦！還是給醫生看一下有沒有哪裡感染才是對的。

送醫的時機

1. 寶寶唇色發紫。

6 胸廓與乳頭

乳頭腫塊

「哎呀！剛出生寶寶的乳頭怎麼會腫腫的，好像有硬塊？」這個現象，是因為媽媽的女性荷爾蒙刺激寶寶的乳頭所造成的喔！乳頭的腫塊可能持續二到四週（餵母乳的寶寶可能持續更久），而且兩邊也許不對稱，這都是正常的。不要去擠壓它們，免得增加感染機率。

胸廓形狀

媽媽們對於寶寶胸廓的形狀總是很在意。常見的狀況包括：劍凸太尖、漏斗胸（凹）、雞胸（凸），或者是兩邊的肋骨比較尖，這些都是正常的表現，也不用開刀，長大以後胸肌比較結實就看不到了。

有些罕見的病例，如漏斗胸太嚴重，影響到心肺功能，那也是三歲以後才需要外科處理，不會在嬰兒期的時候開刀。

送醫的時機

1. 乳頭紅腫嚴重、寶寶哭鬧不安，摸了會痛，表示有受到感染。

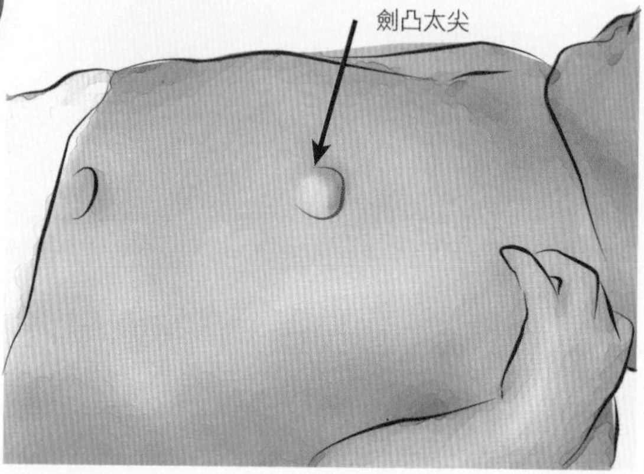

圖2-14：劍凸太尖
劍凸太尖是正常的表現，不用開刀，長大以後胸肌比較結實就看不到了。

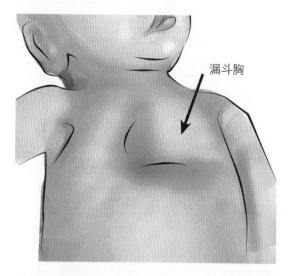

圖2-15：漏斗胸
漏斗胸若嚴重到會影響心肺功能，三歲以後才需要外科處理，而不會在嬰兒期的時候開刀。

7 臍帶與肚臍

臍帶未脫落

小小一個臍帶，常常是新手爸媽的緊張來源：有人擔心臍帶一直都沒有掉落，有人則擔心肚臍有分泌物，甚至有點血絲。不管碰到什麼狀況，我這裡教大家兩個訣竅，就是：「保持乾燥，繼續消毒。」

現在的醫療環境如此發達，加上大部分父母照顧的品質都很高，寶寶會發生臍帶感染的機率真的非常低。

如果臍帶感染細菌，肚臍周圍一定又紅又腫，寶寶一定又哭又鬧，可能還會發燒。因此，少許的分泌物，或者一點點血絲，都不是真正的感染，也不用害怕，只要「保持乾燥，繼續消毒」就可以了。

如果希望臍帶早日脫落，記得包尿布的時候把尿布稍微反摺，露出臍帶的部位，「保持通風」會比較快脫落。如果有包紗布的，記得不要太厚，稍微覆蓋一兩層即可。臍帶掉一半的時候，也不用刻意去拔它，「保持乾燥，繼續消毒」，很快就會掉下來了。脫落之後有些寶寶會有肉芽腫，還是老話一句：「保持乾燥，繼續消毒」，不用馬上去醫院。除非等到兩個月大的時候，肉芽腫還有分泌物，才考慮是否到醫院用硝酸銀燒灼癒合。

臍疝氣

到了兩個月大的時候，有些寶寶的肚臍會膨起好大一球，看起來很恐怖！這叫做「臍疝氣」，跟其他疝氣不同的是，它完全不用開刀。臍疝氣的形成是因為寶寶的左右腹肌還沒有密合，中間有縫隙讓肚子裡的東西膨出（沒錯，可能會有小腸在裡面）。幸運的是，這邊的組織充滿彈性，所以小腸並不會卡死，所以非常安全，也不用開刀。

臍疝氣大部分在一歲左右會消失。有些老人家用銅板貼膠布蓋住臍疝氣的位置，「眼不見為淨」，千萬別這麼

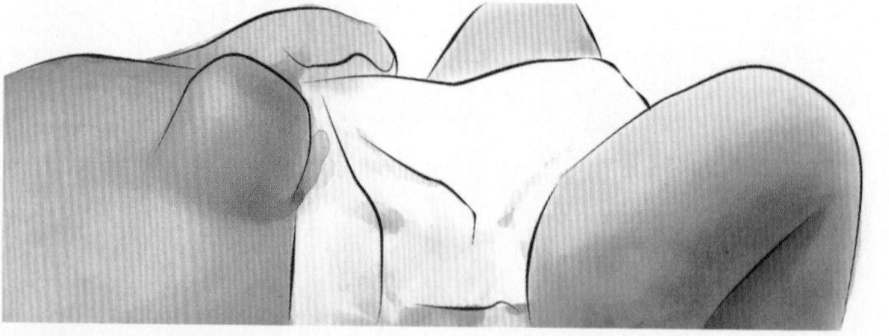

圖2-16：臍疝氣
肚臍如氣球般膨脹即為「臍疝氣」，臍疝氣的形成是因為寶寶的左右腹肌還沒有密合，中間有縫隙讓肚子裡的東西膨出導致。

做，若引起濕疹反而得不償失。

送醫的時機

1. 肚臍周圍「紅腫半徑大於兩公分」，寶寶疼痛哭鬧或發燒。
2. 肚臍分泌物有「屎味」或「尿騷味」。

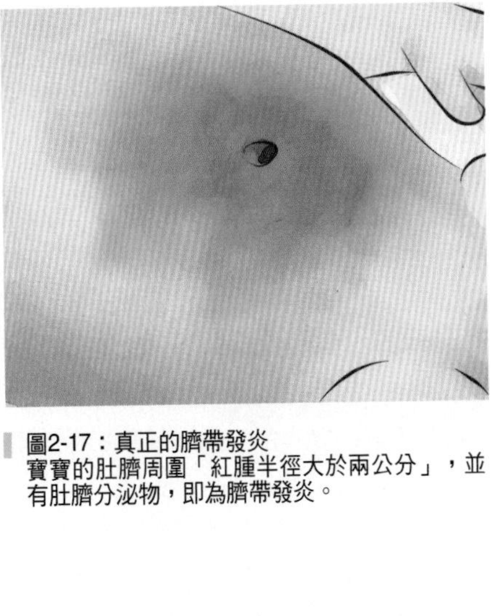

圖2-17：真正的臍帶發炎
寶寶的肚臍周圍「紅腫半徑大於兩公分」，並有肚臍分泌物，即為臍帶發炎。

學會分辨腹股溝疝氣

男生的生殖器最重要的就是要看睪丸是否有降下來，不過這很不容易分辨，還是讓專業的小兒科醫師摸摸看才知道。

我認為，爸爸媽媽要學會的，應該是分辨腹股溝疝氣。嬰兒腹股溝疝氣的形成，是因為用力大哭造成腹腔的壓力，將寶寶的小腸推入腹股溝管，甚至滑進陰囊。腹股溝管的位置是在小雞雞的根部左上方與右上方的三角區，寶寶大哭的時候會鼓起來硬硬的，嚴重時小腸甚至會滑進陰囊，導致陰囊也腫起來，像香腸一樣。

因此，如果寶寶非常用力的哭鬧時，記得打開尿布檢查一下；如果爸媽有看到單側，甚至

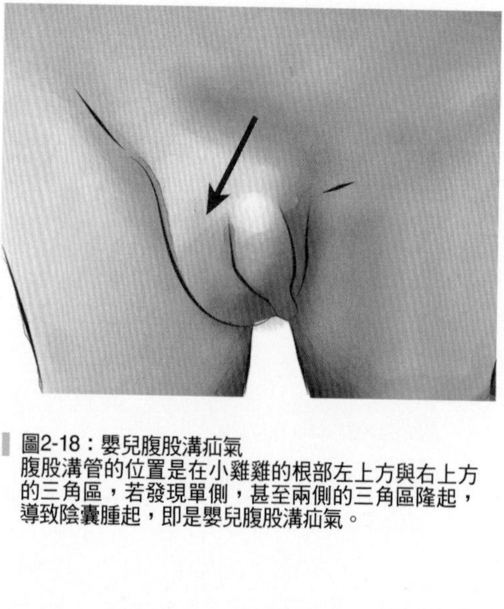

圖2-18：嬰兒腹股溝疝氣
腹股溝管的位置是在小雞雞的根部左上方與右上方的三角區，若發現單側，甚至兩側的三角區隆起，導致陰囊腫起，即是嬰兒腹股溝疝氣。

兩側的三角區隆起，摸起來硬硬的，加上寶寶一直哭鬧、腹脹、嘔吐，就應該趕快就醫開刀，以免小腸壞死。

陰囊水腫

至於另一個很容易與疝氣搞混的，就是陰囊水腫。陰囊水腫在一歲之前會反覆發作，也就是陰囊會忽大忽小，這些都是正常的。大部分陰囊水腫在一歲以前會消失，不需手術，也不會影響功能。

如果不確定到底是陰囊水腫還是疝氣，我想還是帶給小兒科醫師看一下比較放心。

到底要不要割包皮？

最後我要討論的就是「割包皮」這個問題。在考慮給您的孩子割包皮之前，先問問自己，為了什麼理由要割包皮？是因為包莖嗎？還是怕感染？

現在兒科醫師都知道，每天在包皮上塗抹類固醇藥膏，不出數週，有八五％的寶寶包莖就開了，根本不需要手術。過去傳統的觀念是，若看到寶寶尿尿的時候，包皮會像吹氣球一樣膨脹，這種嚴重的包莖才需要動刀。其實就算是這種包莖，也可以先試著用擦藥的方式來解決，若無效才考慮手術割除。

有人認為割包皮可以預防包皮龜頭炎，其實不然。根據研究，三歲以下的小男孩當中，有割包皮的幼兒反而更容易得到包皮龜頭炎，三歲以上才有減少的趨勢。

不過，媽媽們要注意，最常引起包皮龜頭炎的原因，是家長在幫寶寶洗澡的時候，很用力的將包皮推到底清洗；每次當我看到這樣的寶寶，心裡都不禁大喊：「天啊，好痛！」這是非常錯誤的作法，常常會造成寶寶的包皮撕裂傷與發炎。正確清洗寶寶生殖器的方法，只需輕輕的推包皮到稍微有點阻力的位置，然後用清水沖洗就可以了。

至於為了防止泌尿道感染而割包皮，只對六個月以下的嬰兒有幫助，然而六個月以下的嬰兒，發生泌尿道感染的機率只有不到一％，相當的低。也有人指出割包皮可預防未來得到性病的機率，然而這麼做只能減少梅毒和皰疹

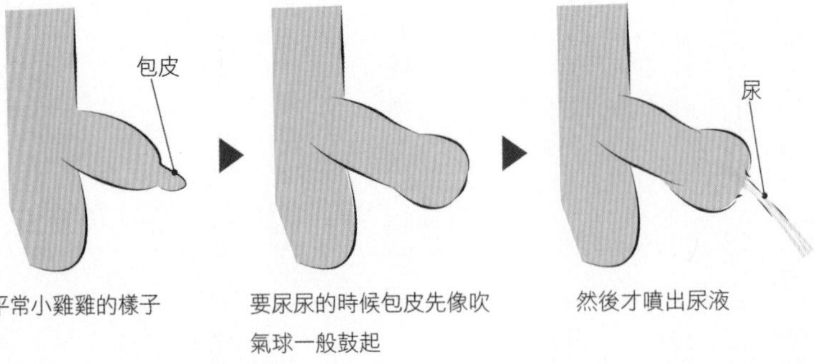

平常小雞雞的樣子
要尿尿的時候包皮先像吹氣球一般鼓起
然後才噴出尿液

圖2-19：考慮割包皮的包莖

的機率，相反的，卻比較容易得到淋病和披衣菌感染，還不如戴保險套。

割包皮有什麼壞處？包括可能的術後感染、術後出血、尿道口發炎、尿道口狹窄、皮下肉芽腫、龜頭炎、包皮環狀狹窄、傷口組織沾黏等等。另外，有些醫師不小心割了包皮，之後才發現寶寶有尿道下裂，必須用包皮來補，彼時卻已無皮可用，後悔莫及。因此，我個人認為，嬰兒時期割包皮絕對不是必要的手術，請家長做決定的時候要慎重考慮。

送醫的時機

1. 單側或雙側睪丸根本摸不到。
2. 單側或兩側的三角區隆起，摸起來硬硬的，而且腹部鼓起，寶寶哭鬧嘔吐，可能是疝氣合併腸阻塞，要緊急開刀。
3. 尿道的開口不在陰莖的最頂端，而是在陰莖的下緣。

黃醫師聊聊天

其實嬰兒割包皮還有一個負面的影響，就是疼痛。不要以為小嬰兒沒有痛覺，雖然他可能將來不記得，但是這些疼痛卻會在出生時給寶寶大腦一個不好的刺激！

陰唇與處女膜腫大、假性月經

女寶寶的生殖器疑問就單純許多，而且都跟媽媽的荷爾蒙有關。常見的有三個症狀：第一個，就是寶寶陰唇腫大；第二個，就是寶寶陰道口有個粉紅色的凸出物，那是處女膜腫大；第三個，就是假性月經。

陰唇腫大和處女膜腫大，最多可持續二到四週，直到媽媽的荷爾蒙消退為止。很多人不曉得陰道口的小肉芽就是處女膜，可以看一下圖片，就明白是什麼了。至於假性月經，則常常嚇壞了新手爸媽們；大約在出生五到七天，同樣是因為女性荷爾蒙的關係，寶寶會有陰道出血以及分泌物。這些出血及分泌物應該兩三天就會減少，如果還是持續增加的話，就要到醫院檢查一下。

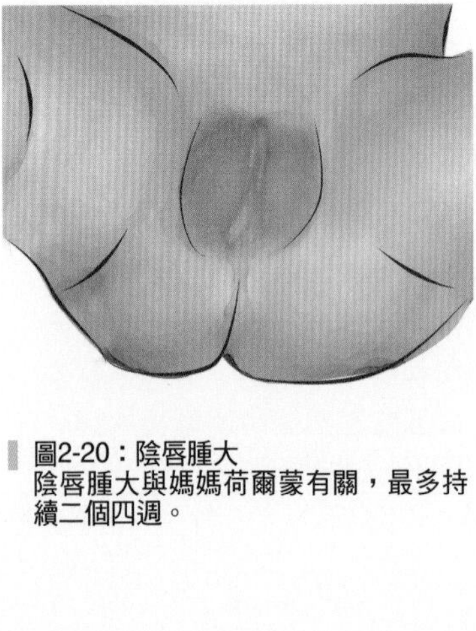

圖2-20：陰唇腫大
陰唇腫大與媽媽荷爾蒙有關，最多持續二個四週。

送醫
的時機

1. 陰道出血以及分泌物超過三天以上。

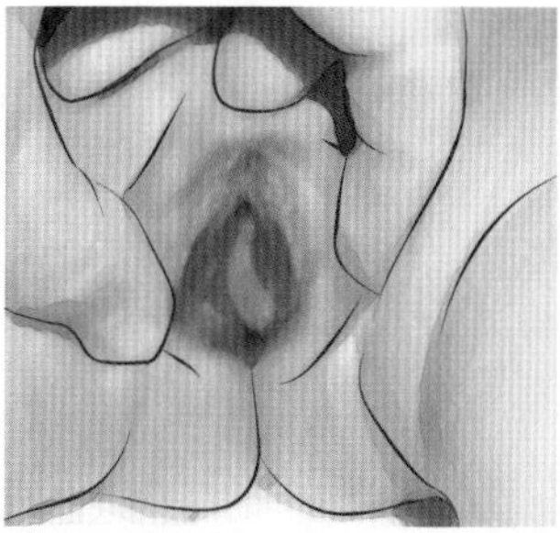

圖2-21：處女膜腫大
寶寶陰道口有粉紅色凸出物，即「處女膜腫大」。

黃醫師
聊聊天

當我還是菜鳥住院醫師的時候，就曾經誤診一名女嬰的假性月經，以為是血尿。到現在想起這件事，我還是覺得很糗！真丟臉。

10 手和腳

正常的肌肉震顫？抽搐？

寶寶手腳不自主的抖動，家長時常會擔心孩子是否在抽搐。別緊張！幾乎所有的抖動都是正常的「肌肉震顫」（jittery或jitteriness）❶。在家裡怎麼分辨肌肉震顫與抽搐呢？很簡單，可以握住寶寶正在抖動的手或腳，讓肢體彎曲，然後感受一下寶寶的肌肉是否繼續跳動。如果彎曲之後，您感受不到任何規律性的肌肉跳動，那麼就只是單純的肌肉震顫，可以放心了。如果彎曲之後，您的手還是可以感受到寶寶的肌肉在跳動，而且是有規律的跳一下、跳一下、跳一下，那就屬於不正常的抽搐，必須趕快就醫檢查。

一般肌肉震顫常發生在寶寶受到驚嚇，或者伸懶腰等等動作時，抖動時會有對稱現象（就是左右手一起，或左右腳一起），眼睛「不會」往左或往右不正常的歪斜，這些觀察都可以當做輔助。

手腳冰涼？

台灣的父母常常很怕寶寶著涼，摸摸小手小腳，覺得冰冰的，就拚命添加衣服。事實上，寶寶的手腳有時候會涼涼的，是因為他們交感神經協調還不成熟，四肢的血管收縮導致。這時候拚命加衣服，反而讓寶寶熱得半死，一直冒汗，還會長濕疹。

寶寶該穿多少衣服呢？很簡單！看看自己穿幾件，寶寶就穿幾件，不用多也不用少！

先天性髖關節脫位

細心的媽媽上網看到「先天性髖關節脫位」這個疾病，緊張的將寶寶大腿翻起來看，咦？好像左右大腿的皺摺真的不一樣多耶！哎呀，怎麼辦？別擔心，先天性髖關節脫位這個疾病不只是看皺摺而已，還要合併其他的症狀。約二五％的寶寶因為胖胖的緣故，大腿皺摺比較多條，難免不對稱，這是很常見的事。

您可以進一步將寶寶大腿往外側張開（也就是M字腿的動作），如果兩條大腿張開的角度是對稱的，那就是正常。如果在M字腿的動作下，一條腿可以幾乎貼近水平，另一條腿卻不能，那麼才有可能是真正的髖關節脫位，再帶到醫院做檢查。

O型腿

至於小腿的部分，O型腿是常被問到的問題。寶寶O型腿是正常的形狀，這是因為胎兒在媽媽肚子裡通常是呈「交腿」的姿勢，所以造成小腿骨稍微彎曲。O型腿會持續到一兩歲，等孩子開始走路之後會慢慢伸直。

足內翻或外翻

同樣的，腳掌在媽媽子宮裡也是擠壓得很厲害，因此寶寶出生時腳常常呈現「足內翻」、「足外翻」，甚至「上下亂翻」的狀態，這也是很常見的。並不是所有足內、外翻都要復健，這裡教大家一個簡單的方法分辨：將寶寶的腳掌自由的扭動，如果內翻或外翻的腳可以輕鬆的扭到正常姿勢，那就表示沒問題。相反地，如果腳掌轉動得很費力，關節很緊，無法扭到正常的姿勢，那就要提早復健。

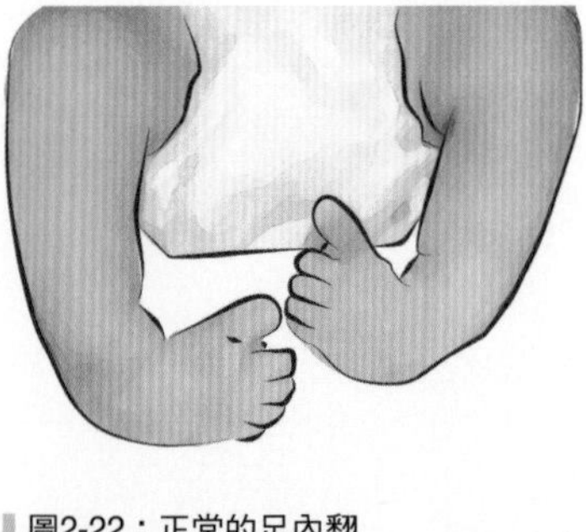

圖2-22：正常的足內翻
寶寶腳掌可自由的扭動，不論內翻或外翻的腳皆可輕鬆扭到正常姿勢，則是正常的。

腳趾頭

最後看看腳趾頭，第一件事就是數數看腳趾頭的數目是否正確。有些媽媽會發現寶寶的腳趾頭會「疊」在隔壁的腳趾頭上，或者特別短一點點，這些都是輕微的異常，將來並不會影響走路。腳趾甲因為很軟，所以看起來好像長到肉裡，其實不會的，那只是貼著皮膚，可以等寶寶睡著的時候替他修剪，或者不理它也沒關係。

送醫的時機

1. 幫寶寶換尿布的時候，發現一條腿不太活動，而且寶寶哭鬧疼痛，此時可能是髖關節細菌感染，需立刻就醫。
2. 寶寶不是肌肉震顫，而是真正的抽搐。
3. 寶寶M字腿時角度不對稱。
4. 腳掌翻不到正常的姿勢。

注❶：肌肉震顫與抽搐的影片：
正常的肌肉震顫：http://newborns.stanford.edu/PhotoGallery/Jittery1.html
生病的抽搐痙攣：http://newborns.stanford.edu/PhotoGallery/Sz2.html

便便的顏色

爸爸媽媽應該都知道「寶寶手冊」上有一張大便卡，告訴新手父母什麼顏色的大便是正常的。剛出生的寶寶排出的都是黑色的胎便，直到出生後三、四天顏色才會轉黃或轉綠。糞便的顏色與膽汁的量、腸道的細菌，還有吃的食物都有關係；因此隨著年紀或食物的改變，顏色可能一下轉黃一下轉綠，這都是正常的。一般來說，餵母乳的寶寶糞便以黃色居多，而餵配方奶的孩子則以綠色為主。唯一不正常的顏色是「灰色」和「血絲」，這兩種顏色出現的話，要給醫師

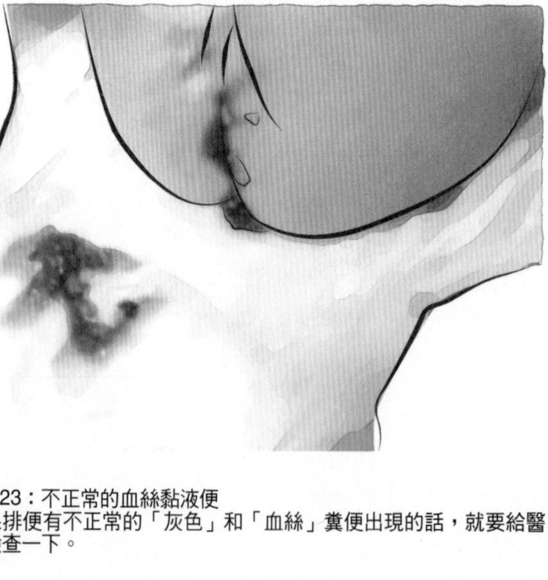

圖2-23：不正常的血絲黏液便
如果排便有不正常的「灰色」和「血絲」糞便出現的話，就要給醫師檢查一下。

檢查一下。

便便的形狀

餵母乳的寶寶，大便一直都會黃黃稀稀的。很多媽媽誤以為寶寶拉肚子而就醫，如果不是專業的兒科醫師，也許會當作腹瀉來處理，白緊張一場。

要怎麼分辨正常的「母乳便」，或者是腹瀉呢？請記住下列三個原則：第一，沒有血絲或黏液；第二，屁股沒有尿布疹；第三，寶寶食慾很好，體重增加正常。若符合上述三個狀況，那麼稀稀糊糊的糞便絕對是健康的「母乳便」，完全不用擔心。

母乳便是正常吸收後的「產物」，無刺激性所以不易產生尿布疹，更不會有血絲黏液在其中，寶寶肚子沒有不舒服，食慾好得不得了。反之，若是腹瀉，寶寶應該有腹脹、食慾不振，甚至發燒的情形，糞便可能出現血絲與黏液，刺激寶寶稚嫩的皮膚，紅屁屁就會跑出來。

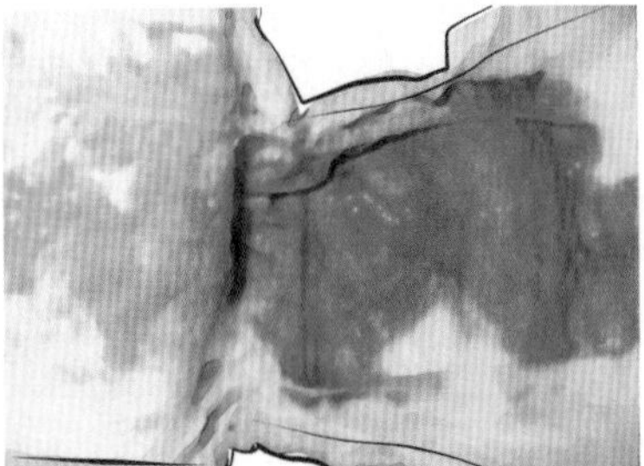

圖2-24：正常的母乳便
糞便中若沒有血絲或黏液，屁股沒有尿布疹，再加上寶寶食慾很好，體重增加正常，就是健康的「母乳便」。

有些寶寶吃配方奶會有糞便太硬，也就是便祕的問題。說到便祕，很多家長到醫院看病，以為寶寶有便祕，常常只是誤會一場。寶寶有什麼症狀才是真正的便祕呢?第一，大便會痛、會哭，甚至流血；第二，糞便太硬，用力擠十分鐘以上還是出不來；第三，超過三天才解一次便，而且很硬。以上這三種狀況，就是真正有問題的便祕。

至於不算是便祕的狀況，比如說喝母乳的寶寶超過三天解一次便，甚至七八天才解一次，只要解出來的是軟便，都不算便祕。另外有些寶寶，大便時臉紅脖子粗，家長誤以為是解便不順；其實，只要糞便是軟的，寶寶沒有大哭，就算糞便很粗，量很多，也都是正常的現象，不用來看醫生喔!

如何處理便祕?

知道寶寶有便祕之後，很多媽媽第一句話就問：「哪個牌子的奶粉比較不會便祕？」有些藥局老闆會建議A牌，另一位則建議B牌，聽多了您也會覺得好笑，因為常常聽到完全相反的答案。

事實上，什麼牌子都不重要，也不可以擅自更改奶粉濃度，泡淡、泡濃，都不正確。究竟便祕的寶寶應該怎麼幫助他比較好呢?在這裡給家長一些建議。

小於六個月以下的寶寶便祕，如果可以餵母乳，就盡量餵，因為喝配方奶比較會便祕。如果已經在喝配方奶了，又沒有母乳可用，可以在正常的餵食以外，給寶寶喝一些水（一天約六十至一百二十毫升）。注意，這些水不要和正餐一起餵食，最好是分開給比較好，才不會影響熱量攝取。如果超過兩天沒有大便，可以用肛門溫度計（肛表）塗抹凡士林之後，刺激寶寶的肛門口，盡量讓寶寶每天都解便。

六個月以上的寶寶便祕，就開始將配方奶慢慢減量，增加副食品的量。**牛奶是便祕的元兇，很多寶寶因為副食品吃不好，一直以配方奶為主食，這樣便祕就永遠都治不好。**副食品每天至少兩次，必須含有纖維素高的水果泥、蔬菜泥。蔬菜量要夠多，不可以只有一小片菜葉而已，至少要二十克以上。蔬菜可以用果汁機打爛，並且避免纖維太粗、打不爛的菜梗。

至於水果，要挑選纖維質高的種類，包括奇異果、柳橙、木瓜、水梨、葡萄、李子、桃子等等。芭樂、香蕉與蘋果這三種水果，纖維量不高，幫助不大，但是非常非常熟的香蕉，含有大量的益生菌，則可以考慮。副食品當中一定要包括糙米稀飯或糙米糊，盡量不要使用白米。糙米是最好的「益生質」；很多媽媽只知道吃益生菌，卻不知道若是沒有「益生質」，益生菌很快就死光光了，效果大打折扣。

果汁除了黑棗汁以外，其他果汁都不是很有效，包括柳橙汁，除非您把水果纖維都打進去。到了一歲以後，基本上就都可以不用喝奶了，包括優格、優酪乳、牙牙餅（米餅）、零食，通通都應戒掉，便祕才會改善。

至於軟便劑，只是急性期用來緩解便祕的症狀，暫時吃一陣子，同時依上述建議改變飲食，之後就不應該再一直吃藥了。益生菌雖然有幫助，但仍要配合「益生質」的攝取，就是剛才所提到的糙米或者全麥麵包等等，否則光靠益生菌有時效果不彰。

唯一要注意的是，若寶寶便祕多日，突然轉成腹瀉，腹瀉後又便祕，週而復始，加上肚子圓鼓鼓的，要小心先天性巨結腸症，請帶給有經驗的小兒科醫師替您作進一步的檢查。如果寶寶的副食品吃得不錯，記得要另外補充水分，直到寶寶的大便變軟為止。

黃醫師聊聊天

很多家長因為寵溺孩子，喝奶老是戒不掉，結果便祕就越來越嚴重。孩子因為解便會疼痛，就更不肯排便，不肯排便，糞便就更乾更硬，症狀又再惡化，這是最糟糕的惡性循環。切記，便祕的處理越早越好，絕對不要拖延，以為說長大就會改善，不會的。根據研究，幼兒時便祕的孩子，長大變成慢性便祕的機率非常高，大腸的環境也變得十分惡劣，生長發育會受到影響。痛定思痛，拿出做父母的威嚴，給孩子正確的食物，拒絕過量的牛奶，才是真正的解決之道！

便便的次數

到底寶寶應該幾天解一次便，或者一天解幾次便才是正常的呢？我的答案是，只要顏色正常，形狀是軟便，寶寶食慾佳，好幾天解一次都沒關係！尤其是吃母乳的寶寶，前兩個月可能一天解好幾次便（一吃就解）；然而到了後來，反而變成好幾天解一次，我自己曾見過的最高紀錄甚至間隔十天，解出來的糞便又多又糊，放心，這絕對是正常的現象！

不管次數頻率多寡，只要符合「顏色正常、形狀正常、食慾正常」這三個重要的指標，加上體重有漸漸增加，就完全不需要吃藥，也不用擔心會有什麼問題。

送醫的時機

1. 檢查一下寶寶是否真的有「肛門」，也許糞便不是從肛門，而是從瘻管注滲出。
2. 寶寶有腹脹、食慾不振，或發燒的情形，糞便出現血絲與黏液。
3. 便祕多日，突然轉成腹瀉，腹瀉後又便祕，週而復始。

12 尿液

「天啊！血尿！」每次有新生兒的媽媽這樣驚呼，我只想到兩個狀況：第一，假性月經；第二，結晶尿。假性月經在女寶寶生殖器的部分我已經提過了，至於結晶尿則是另一個很常見的「誤會」。

血尿？結晶尿？

結晶尿的顏色是橘紅色，可多可少，量少時只有一個小紅點，量多時可能搞到整個尿布好幾條橘色的區域。這橘紅色裡的成分是「尿酸」，當寶寶水分比較不足，尤其是剛出生一週，媽媽奶水還不是很多的時候，就會有此現象。更大至兩三個月的寶寶，如果突然食慾不佳，奶量大減時，也有可能會再發生。但是男寶寶如果已經好幾個月大了還有這種紅色的點點，要小心是媽媽用力推包皮清洗造成的包皮出血，不是結晶尿。

如果有結晶尿，該怎麼辦呢？放心，**結晶尿不等於「脫水」，只是水分比較不足，媽媽只要加緊腳步繼續餵奶即可。**如果寶寶合併黃疸、精神不佳、眼淚很少、排尿不足，這時候可能才真的是脫水，要快快送醫。

什麼時候表示寶寶尿量不足呢？簡單的原則：出生三天要尿三次，四天尿四次，五天尿五次，六天以上要尿布每天更換超過六次，而且這六次的尿布應該有點重量，一點點滲尿這種不算。

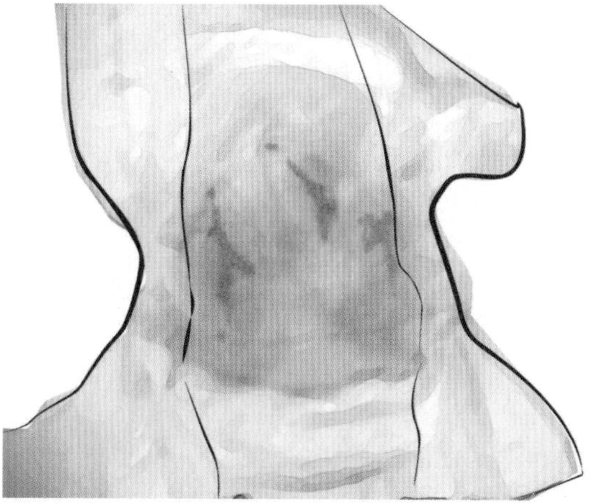

圖2-25：結晶尿
結晶尿的顏色是橘紅色，量少時只有一個小紅點，量多時可能搞到整個尿布有好幾條橘色的區域。

送醫的時機

1. 您的寶寶超過八小時沒解尿，精神看起來很疲倦。

13 各種皮膚表徵

嬰兒稚嫩的皮膚小毛病很多，雖然大部分並無大礙，然而因為變化多端，有些情況很難單純用文字表達。前半段我挑選幾個屬於「正常」現象，且「容易分辨」的表徵介紹給家長們。後半段則介紹一些不正常的皮膚問題，包括異位性皮膚炎、尿布疹與黃疸。

1. 脫皮

剛出生的寶寶大概在第二週左右會開始看起來很乾燥或者脫皮，這是正常的現象，無須特別擔心。

2. 痘痘

大約三〇%的新生兒，在出生三到四週後，會開始長痘痘。沒錯，這個痘痘就像是青春期的小孩會冒的一樣，外表是小小紅紅的丘疹，有時候也會有膿皰。

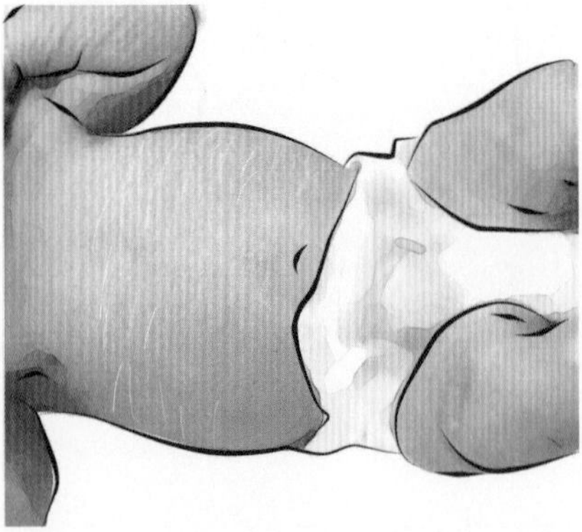

圖2-26：嬰兒正常脫皮

這些痘痘源自於媽媽的荷爾蒙刺激導致，因此會反反覆覆的長出，直到約四到六個月大為止。如果發生了，不需要擦任何藥，媽媽也不要再給寶寶擦嬰兒油，否則狀況會惡化得更嚴重。

3. 口水疹

口水疹長在寶寶的嘴巴周圍，這應該是不需要特別解釋了。什麼樣的寶寶最容易有口水疹？就是容易「溢奶」的寶寶。因為口水裡有些逆流出來的食物殘渣或胃酸，接觸並刺激皮膚所導致。口水疹沒有什麼特別有效的預防方法，只能盡量在寶寶每次有口水時用清水擦拭，不過應該永遠擦不完，所以執行上會有點困難。

有些人用「羊脂膏」塗抹在寶寶嘴巴周圍，是可以一試的方法，因其主要的原理是「隔絕口水與皮膚接觸」，所以每次擦完嘴就應該要再塗抹一次。使用上，如果口水疹有改善，還是要繼續擦拭、保護，否則很快會復發。還有一個重點，就是奶嘴如果不戒掉，

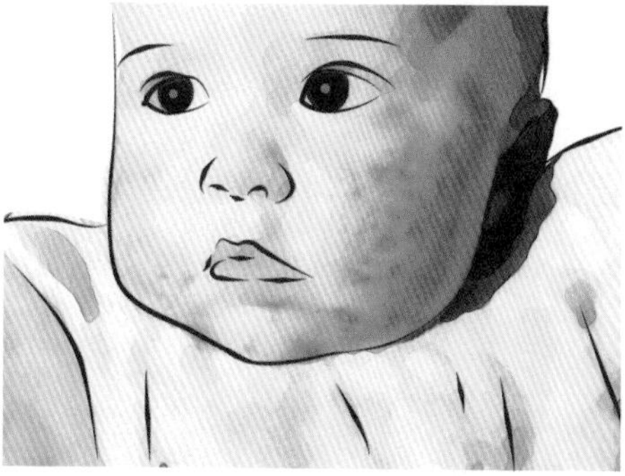

圖2-27：嬰兒長痘痘
部分新生兒在出生三到四週後，會開始長痘痘。外表是小小紅紅的丘疹，有時候也會有膿皰。

口水疹恐怕很難痊癒。

另一個很容易與口水疹搞混的，就是嘴巴旁邊的熱疹。嘴巴旁邊的熱疹只有「親餵母乳」的寶寶會發生，天氣熱，媽媽的乳房與寶寶的嘴巴密切接觸，非常潮濕。建議有這種狀況的媽媽，餵奶時只要開冷氣就可以了。

4. 熱疹（痱子）

熱疹在台灣也是很常見的問題，常長在寶寶胖胖的下巴與胸膛之間，或者任何會流汗或皮膚皺摺處。台灣的阿公阿嬤有一個共通的特性，就是很怕寶寶著涼，總是一層又一層的包著衣服或包巾，深怕有任何地方讓風灌了進去。幫幫忙，別再這麼做了。在「手與腳」的部分我有提醒爸媽，嬰兒偶爾手腳冰冷是正常的現象，不需要為了這個添加衣物；看看自己身上穿幾件衣服，就幫寶寶穿幾件，不用多也不用少，這才是正確的照顧原則。

如果已經長了熱疹，不嚴重者就是保持通風，開點冷氣（室溫約二十六至二十八度），少穿點衣服，也可以擦一些輕微類固醇的藥膏。如果擦藥仍未痊癒，應該讓醫師評估是否有黴菌或細菌感染。

5. 嬰兒毒性紅斑

嬰兒毒性紅斑變化多端，而且非常常見，約五○%的寶寶都會發生。典型的毒性紅斑就是圓圓紅紅的，半徑有的很小，有的可大到兩公分，中間有個白色的小凸起，看起來好像被蟲子咬。

嬰兒毒性紅斑可能發生在身體任何地方，也會反覆發作，持續約兩個禮拜至一個月。如果超過一個月還有反覆的毒性紅斑，尤其是發生在喝母乳的寶寶身上，原因可能與媽媽的飲食有關。我個人的經驗是，包括海鮮、麻油雞、乳製品等等，都可能是罪魁禍首。

6. 粟粒疹

四○%的寶寶會發生粟粒疹，出生不久就可以看

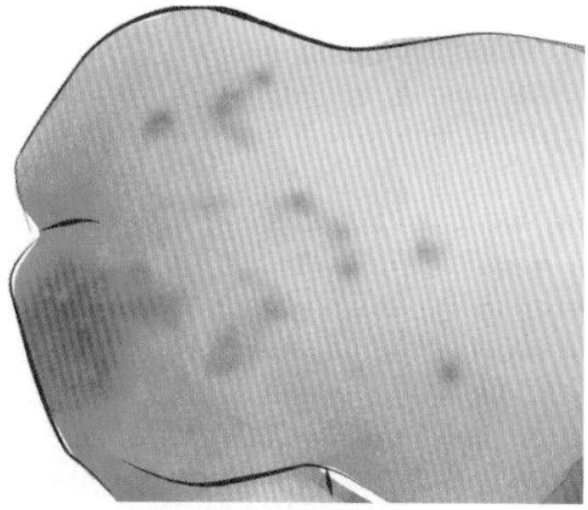

圖2-28：嬰兒毒性紅斑
典型的毒性紅斑圓圓紅紅的，半徑有的很小，有的可大到兩公分，中間有個白色的小凸起，看起來像被蟲子咬。

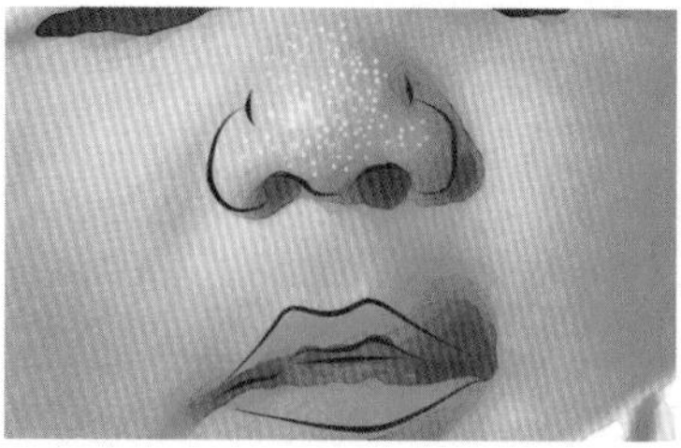

圖2-29：鼻頭粟粒疹
鼻頭的粟粒疹最常見，圓圓小小一點一點的佈滿整個鼻子，是皮脂腺阻塞造成的。

到，一兩個月之後就會消失了。

鼻頭的粟粒疹最常見，圓圓小小一點一點的佈滿整個鼻子，是皮脂腺的阻塞造成。其他粟粒疹會長在臉頰、額頭、下巴，甚至腋下，則是表皮角質的堆積造成。

7. 蒙古斑

大部分的人都以為蒙古斑只會長在寶寶下背部和屁股周圍，事實上它也會長在手臂、膝蓋、腳以及身體任何地方。有時候出生時還看不出來，過了幾個月才變得明顯，這也是很常見的。大部分蒙古斑約在寶寶兩歲到三歲時就會消失，少數會持續到成人。

8. 火焰斑（血管瘤）

血管瘤有很多種，其中一種是最常見、

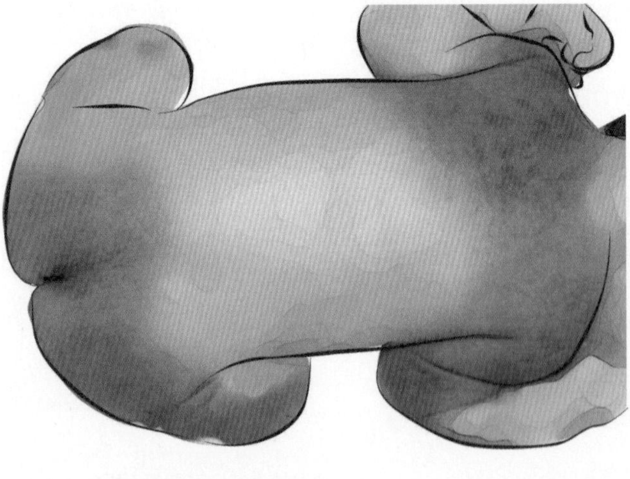

圖2-30：範圍很廣，但仍屬正常的蒙古斑
蒙古斑不只會長在寶寶下背部和屁股周圍，事實上它也會長在手臂、膝蓋、腳以及身體任何地方。

約五〇%的寶寶都擁有的「火焰斑」。這些火焰斑最常發生在三個地方：眼皮、額頭，還有後頸。火焰斑的特色是形狀不規則，顏色泛紅，哭鬧時特別明顯。這三個位置當中，眼皮火焰斑大部分會消失，後頸火焰斑約七五%會消失，但是額頭火焰斑幾乎不會消失。將來額頭的火焰斑如果不在意的話，其實看不太出來（只有生氣的時候看得見）；若是女孩子為了美觀，將來也可以用雷射去除。

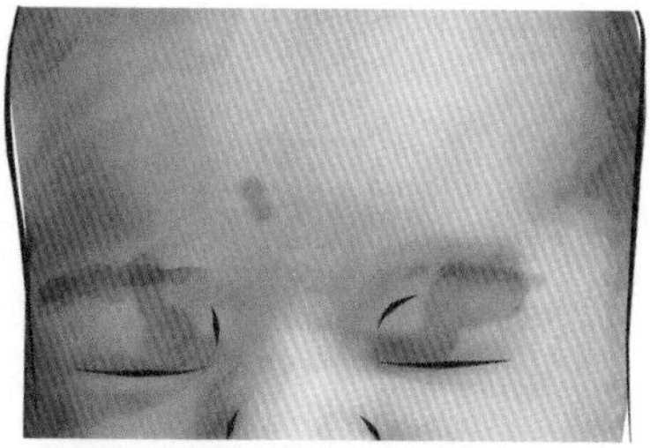

圖2-31：眼皮的火焰斑
形狀不規則，顏色泛紅，哭鬧時特別明顯。其中，眼皮火焰斑大部分會消失。

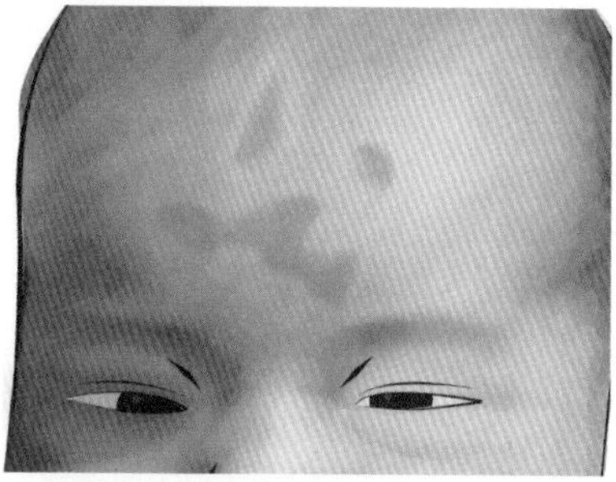

圖2-32：額頭的火焰斑
額頭火焰斑幾乎不會消失。若是女孩子為了美觀，將來也可以用雷射去除。

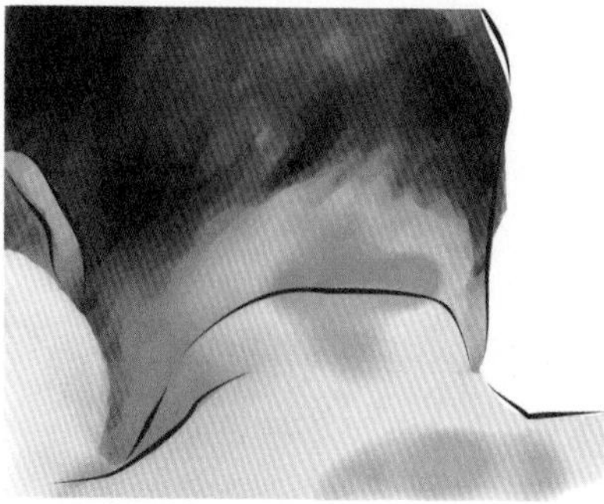

圖2-33：後頸的火焰斑
後頸火焰斑約百分之七十五會消失。

9. 脂漏性皮膚炎

長在頭皮或眉毛有些黃黃油油的皮屑，請見本章一開始「頭髮與頭皮」的部分。

10. 異位性皮膚炎

雖然過敏的孩子真的越來越多，但「異位性皮膚炎」這個疾病實在有點被過度診斷，比如說毒性紅斑，或者脂漏性皮膚炎，都常常被誤診為異位性皮膚炎。我們要知道的是，異位性皮膚炎的診斷，必須大致符合下列幾點：

（1）奇癢無比。癢，是異位性皮膚炎一定會有的症狀，所以有此症的寶寶，應常常會去抓皮膚。手部動作發育尚未成熟的寶寶，則會因癢到受不了導致身體扭來動去。

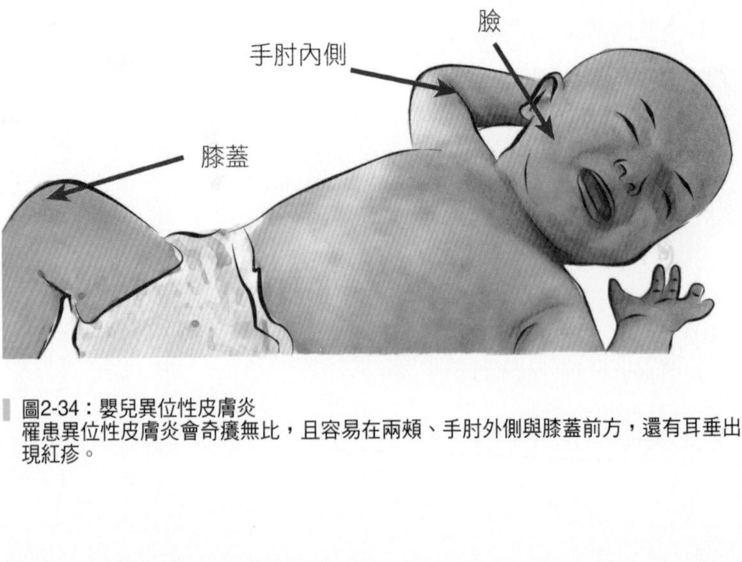

圖2-34：嬰兒異位性皮膚炎
罹患異位性皮膚炎會奇癢無比，且容易在兩頰、手肘外側與膝蓋前方，還有耳垂出現紅疹。

（2）特定部位出現紅疹。以嬰幼兒來講，臉是好發部位，兩頰會發紅，其他部位則包括手肘外側與膝蓋前方，還有耳垂。

（3）不斷復發。

（4）家長有過敏體質。

什麼時候要懷疑寶寶有異位性皮膚炎？一般來說小於四個月的嬰兒，不容易拍板定論診斷為此病，還需要多一點的觀察時間。如果之後仍反覆發作，臉頰摸起來粗粗的，甚至皮膚有湯汁滲出，加上家族有過敏體質，才會懷疑是否有異位性皮膚炎。處理的方式，在後續有關過敏的文章會詳述之。

11. 尿布疹

大部分的寶寶都曾經有過尿布疹。尿布疹的處理有輕有重，不過原則就是下列幾點：

（1）擦藥，這是最簡單的方法。最常見的氧化鋅藥膏無明顯藥性，單純是隔絕刺激物（如糞便）和屁股的皮膚，因此這類的藥物要非常頻繁的擦，每次換尿布就塗上厚厚的一層。氧化鋅常被加在坊間的屁屁膏裡面，可以看看屁屁膏裡的成分，通常有一個ZnO，就是氧化鋅了。您也可以到藥局買單純的氧化鋅藥膏。

類固醇藥膏則相反，作用是減緩發炎現象，如果有傷口就不適合使用，而且擦薄薄的一層就可以了。類固醇藥膏最常使用的是kenacomb（康納可，或是美康軟膏等等），最好到醫療院所看病後由醫師開出處方至藥房領取。

（2）勤換尿布，尤其是寶寶大便之後要馬上更換。很遺憾，這項建議在月子中心或者保母托嬰的地方，幾乎是不可能執行的。

（3）保持屁股通風。在很嚴重的病例中，我們會建議寶寶大便之後，先暫時不穿尿布，鋪一層防水墊在寶寶的屁股下，「晾一晾」他的小屁屁。如果用紙尿布，可以穿得鬆一點，讓它通風，或者在尿布靠腰部的地方打幾個洞，增加透氣度。

（4）不要用肥皂洗屁股，用清水洗就可以了。

（5）半夜起來幫寶寶換一次尿布。

上述處理若超過三天沒有改善，大概就是「念珠菌」感染引起的尿布疹了。念珠菌感染的尿布疹要擦特別的抗黴菌藥膏（如「卡黴速停」乳膏，即canesten），而且要擦一個禮拜以上。如果使用布尿布，這一陣子清洗尿布時要用漂白水殺菌。當然，漂白水本身要沖洗乾淨，以免接觸嬰兒稚嫩的皮膚。如果用洗衣機，最好用溫

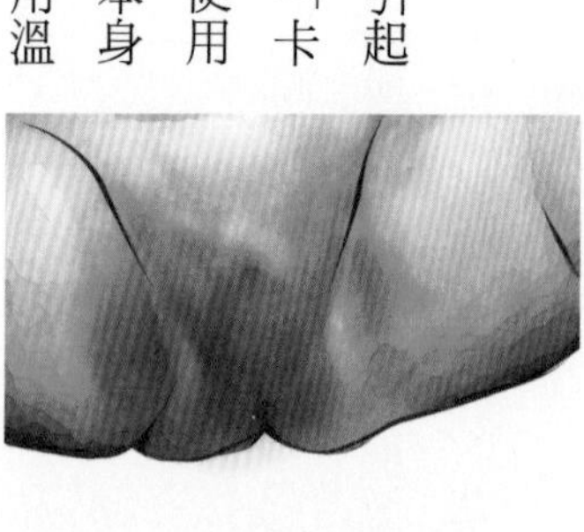

圖2-35：念珠菌感染引起尿布疹

水清洗第二次。

12. 黃疸

黃疸是新生兒常見的問題，多數醫師會幫您注意黃疸值，過高的話就會住院照光治療，並尋找可能的原因。很多媽媽以為寶寶有黃疸就應該停止哺餵母乳，甚至聽信非兒科醫師或藥局老闆的建議，改喝配方奶。切記，此觀念大錯特錯。**黃疸絕對不是停止哺餵母乳的理由！**

在這裡我跟各位介紹兩種與母乳相關的黃疸，就是「哺乳性黃疸」（breast-feeding jaundice）與「母乳性黃疸」（breast-milk jaundice），其他造成黃疸的原因很多，但都需要檢查才能得知。

「哺乳性黃疸」發生在寶寶出生後兩、三天，持續到一至兩週大，原因是媽媽的母乳量還不夠，寶寶輕微的脫水導致。碰上哺乳性黃疸的處理方法，是檢視餵奶的姿勢是否正確，並且增加餵奶的頻率（每一個半小時到兩個半小時餵一次），避免讓寶寶連續睡四個小時以上不喝奶。如果已經很努力追母乳仍然不足，可以暫時用配方奶擋一下，以免黃疸繼續竄升，但還是要頻繁的擠或餵母乳，直到奶量增加，足夠讓寶寶吃飽為止。

至於「母乳性黃疸」才是因為母乳裡的成分所引起的黃疸，這種黃疸都發生在一週以後的嬰兒，持續到兩個月大。一開始碰上母乳性黃疸，我的建議還是繼續餵母乳，增加頻率，增加奶量。因為寶寶吃得多，頻繁的排便可以帶走更多的膽汁，進而降低黃疸值，這個方法叫做「降低腸肝循環」。

母乳寶寶若黃疸值居高不下，應該先檢查有無其他引起黃疸的原因，若確定無其他因素造成黃疸，寶寶雖然皮膚一直很黃，基本上可以不用理會，繼續追蹤即可。有些寶寶的黃疸值持續過高超過兩個月，或一定程度，可以暫時用配方奶餵食兩三天，然後繼續餵母乳；在那兩三天的休息間，應該就可以讓黃疸值下降了。記得用配方奶的那幾天，還是要把母乳擠出來，以免造成母乳量減少。有些醫師會以藥物控制母乳性黃疸，這是一個選項，但並非一定必要。

想告訴純母乳派的媽媽們，不要把配方奶視為牛鬼蛇神：只要餵母乳的堅持與毅力存在，單純兩、三天的配方奶並不會讓您的孩子智商變低，或者變成過敏兒，這些都是杞人憂天、庸人自擾的擔心。

至於那些認為母乳會造成黃疸而不敢繼續餵母乳的媽媽們，放心吧！馬偕醫院小兒科這麼多年來，還沒見過一個因為喝母乳得了黃疸而引起任何後遺症的病例。母乳是上帝最好的禮物，怎麼可能會傷害您的孩子呢？拒絕聽信不專業的建議，跟真正的小兒科醫師討論方法，才是最好的選擇。

最後提醒爸爸媽媽，世界上沒有任何寶寶的皮膚是完美的，求好心切的您必須認清這一點。電視或平面媒體上的漂亮寶寶，都是修過圖的，正常寶寶的皮膚不可能每天都如此乾淨。只要是上面描述的那些無關緊要的疹子，都不需要太過度反應或者塗藥，以免弄巧成拙。

送醫的時機

1. 寶寶身上有任何小水泡，最好就醫檢查。
2. 寶寶身上有上述以外的不明皮膚表徵者。
3. 任何皮膚病徵經過上述處理仍未痊癒者。
4. 異位性皮膚炎、嚴重尿布疹、黃疸，這幾項需定期追蹤。

第三章

寶寶怎麼吃才健康？

所謂「民以食為天」，不論是新生兒，或是學齡兒童，父母親最關心的事情，莫過於「孩子吃得好不好」了。在我的部落格，幾乎每個禮拜都有網友請教兒童餵食的問題；當然商人也絕對不會放過這門生意，營養品、補充品，各式各樣的花招百出，就是在利用家長對孩子「吃」的煩惱。孩子的飲食，有這麼困難嗎？究竟我們現在接受的飲食資訊，是來自廠商？還是真正的專家？我相信這也是每一位家長心中的疑惑。

接下來的章節，我將會針對不同時期的兒童可能遇到的飲食問題，做簡單的建議與整理。希望新手爸媽看完之後，能信心大增，也對您的孩子餵食問題更加得心應手！

1 第一時期（零～六個月）：母乳／配方奶

母乳的好處多多。舉例來說，母乳可以減少嬰兒感染症的機率，省錢、安全、營養均衡、腦部發育較佳、智商較高、減少過敏、減少兒童肥胖的機率等等，總之是「族繁不及備載」，這裡就不再贅述

然而，很多媽媽在餵母乳時面臨許多困難，弄得身心俱疲，寶寶也很痛苦。醫生都會說，只有非常少數（約一％）的媽媽才會母乳不足，只要有恆心，有毅力，餵母乳必定成功。但據我所知，很多媽媽已經非常有恆心及毅力，也苦撐了六個多月，母乳量依然不夠寶寶喝，而因此沮喪或自責。我認為，現在婦女因為平均生育年齡已經比過去高出五六年，三十歲以上的產婦也很多，加上職場的壓力，因此母乳不足的百分比，恐怕比一％高出許多。如果您也是其中之一，請不要難過或自責，這是很自然的現象。

黃醫師聊聊天

我老婆生第一胎的時候已經三十一歲。她誓言要餵母乳餵到一歲，而且因為有我這個專業人士在旁協助，她信心滿滿。沒想到，不論怎麼頻繁的哺乳，奶量還是很少，她非常的沮喪，家人都安慰她，這是很正常的。後來不得已加上配方奶，還是盡力親自哺乳到寶寶六個多月大，中途並沒有放棄，我們對這個結果已經很滿意了。

餵母乳

餵母乳分為「追奶期」和「穩定期」。

寶寶剛出生的頭幾個禮拜，奶量還不穩定，這時期就是追奶期。追奶期通常是寶寶哭就餵奶，媽媽可能會辛苦一點，有時候甚至一個小時就餵一次。一般狀況而言，這時期約在兩週之內。此時，一天哺乳十二至十四次都是很正常的，媽媽必須要先有心理準備。有些人追奶期很快，只消三五天母乳就如噴泉般湧出，這些媽媽反而要擔心的是乳腺堵塞和乳腺炎；反之，有些人追奶期長達兩個月，一直很勉強才追得上寶寶的食量，這些媽媽也很辛苦。

要如何增加奶量呢？簡單的說有四個條件：母嬰肌膚相親，睡覺睡得飽，喝水喝得夠，心情放輕鬆。

我在門診常常看到一個狀況，越是想要純餵母乳的高學歷媽媽，追奶追得越辛苦。反而是那些純樸的越南

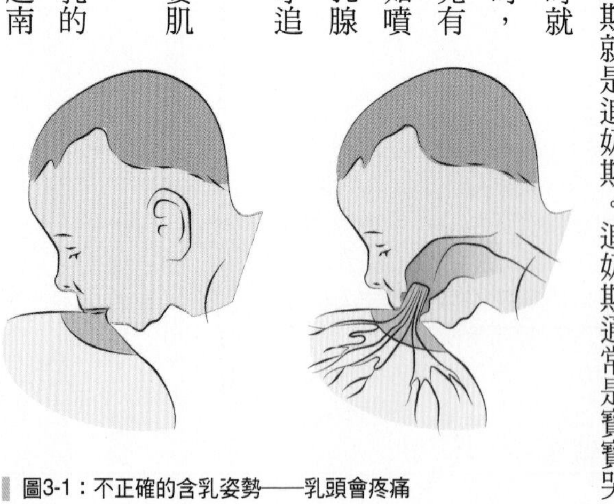

圖3-1：不正確的含乳姿勢——乳頭會疼痛

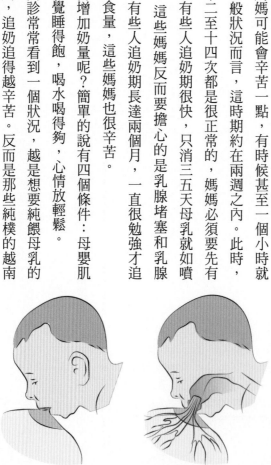

新娘，憑著一股傻勁，奶水反而源源不絕（當然她們的年齡是比較年輕沒錯）。所以心情要放輕鬆，規律的餵奶、睡覺、喝水，想太多反而奶量更少。

很多補品或飲品都號稱有增加奶量的功能，然而據醫學角度而言，這些食物的幫助真的不大。不如我提供一個增加奶量的方法——就是寶寶出生後馬上與媽媽肌膚相親，開始吸吮乳房，**並且每天持續與寶寶有這種肌膚接觸的「袋鼠護理」，會讓媽媽的奶量更多。**

餵奶如此頻繁，媽媽要如何睡得飽呢？雖然說寶寶餓了就餵，但有些寶寶邊吃就邊睡著了，結果一餐拖到一個多小時，馬上寶寶又餓了，結果變成一整天都掛在身上。

要解決這個問題，有兩個方法：一個就是躺著餵奶，不要坐著餵，當寶寶睡著時，媽媽可以一起睡著，這是母乳協會建議的，他們說寶寶絕對不會悶到。事實上，正在泌乳的媽媽因為荷爾蒙的關係，會很想睡覺，這是自然的現象，就放心的睡著沒關係。

另一個方法是，每次餵奶時間不要超過三十分鐘，每一側乳房約十到十五分鐘（有些媽媽單

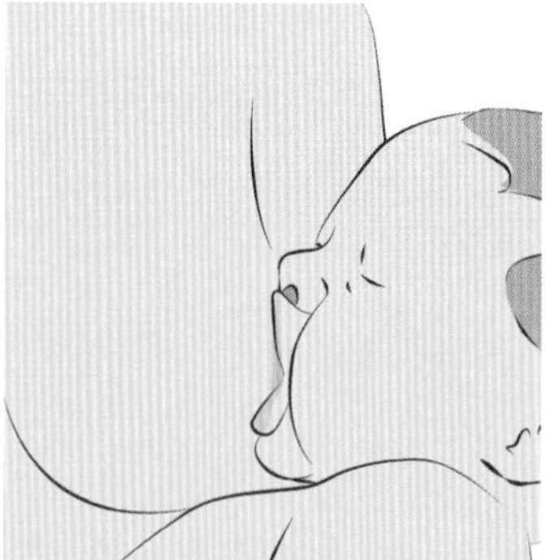

圖3-2：正確的含乳姿勢
嬰兒上下唇都應該是外翻的，而且媽媽的乳暈幾乎都被含入口中，這樣才不會痛。

側就夠喝了）。如果寶寶吃幾下就開始愛睏，表示奶水流速太慢了，此時用手擠壓乳房，可以幫助泌乳量大一點。十五分鐘後寶寶可以自己吃飽張口鬆開乳頭，或者還沒吃飽，將乳頭從寶寶口中輕輕拔出，換一邊繼續餵十五分鐘。兩邊都吃完了，媽媽就喝一大杯溫開水（或者任何湯湯水水都可以），翻個身倒頭就睡，等寶寶又哭時再起來餵奶。心裡要很篤定，想著「我已經盡力了，剩下的交給上帝」。如果，孩子馬上啼哭，請家人先安撫寶寶，讓媽媽睡一個小時以後再說。至於奶量豐沛的媽媽，也必須花時間擠奶與硬塊，所以一定要留一些時間讓自己放空的睡眠。

等到奶量已達穩定期（通常是一個月之後），就可以開始固定每兩小時到三小時餵一次，但四小時就太久了。白天如果已經超過三小時沒有哺乳，而寶寶在睡覺，可以輕輕把他搖醒餵奶；夜間則可以允許連續五個小時不哺乳，不用搖醒寶寶。三個月大之後，如果寶寶的食量很好，又不會溢奶，甚至可以延長到四個小時餵奶。

我知道有一本很好的育嬰書籍建議，可以出生後就四個小時

黃醫師聊聊天

我見過許多媽媽，餵奶的時候很緊張，過程又很冗長不知何時該停止，導致睡眠時間太少，醒著還被強迫一直吃東西，花生豬腳、鱸魚湯、麻油雞、發奶茶，吃得壓力好大，母乳反而越來越少。

餵一次奶，但是這樣做對於一些奶量較少的媽媽而言，一定會失敗。要出生很快就四個小時餵一次奶，必須寶寶天生胃容量夠大，又不會吐奶，媽媽本身又是奶量豐沛型的，才有可能一個禮拜就達成穩定期，這種組合可遇而不可求。

如何知道寶寶有沒有吃飽？這是很多親餵母乳的媽媽心中的疑惑。一般來說，**每天如果有大三次便，尿布有沉甸甸的六包以上**（此標準符合六天大之後的嬰兒，一般寶寶第三天尿三包，第四天尿四包，第五天尿五包，第六天以上都是六包），**就表示寶寶有吃飽了**。

另外，在正常的狀況下，寶寶出生後體重會減輕，一直到十四天大時，體重才會恢復出生時體重。如果出生兩週內有恢復到出生時的體重，之後並持續增加，就表示寶寶有吃飽了。最後一個指標，就是噴乳反射。一般媽媽在兩三週後，奶量應該多到有噴乳反射才對。如果一直沒有噴乳反射，表示奶量還不太夠，仍需繼續努力讓奶量增加。

有媽媽跟我說：「因為產假請完要上班，不能再親餵，所以要提早改用奶瓶裝母乳餵食」。這樣做的話，小心會有乳頭混淆的問題發

黃醫師聊聊天

瓶餵的嬰兒長大後肥胖的機率比較高，即使瓶子裡面裝的是母乳也一樣。

生；如果讓寶寶太早接觸奶瓶，可能會因此不肯吸媽媽的乳頭。萬一真的發生乳頭混淆，媽媽會因為缺少寶寶的吸吮刺激而使奶量減少，最後不得已只好添加配方奶，那麼就前功盡棄了。

因此，如果要讓寶寶習慣瓶餵，至少要等寶寶一個月大以後再開始。另外，親餵的母乳有「前奶」與「後奶」之分，親餵的最後部分脂肪較高，容易讓寶寶有飽足感。把母乳擠出來瓶餵並不是不可以，只是這有點像我們吃西餐，把前菜、主菜和點心全部丟到果汁機混合以後送上，似乎並不是很可口。

餵母乳的寶寶不用喝水。拍嗝只是安撫作用，並不一定要聽到「嗝」一聲才肯罷休。有些特別會溢奶的寶寶我會建議拍嗝，可以減少溢奶的次數，其他的寶寶則不拍嗝也沒有關係。母乳冷藏可以放三天，冷凍則可放三個月，但解凍後不可再凍回去。❶

餵配方奶

剛剛說了一大堆母乳的好處，反之則是配方奶所沒有的優點。配方奶裡沒有抗體，因此失去了許多母乳免疫上的優點。然而，還是有些狀況會給寶寶喝配方奶。以下是一些可能的情況：

1.寶寶出生後體重下降超過十%以上，可以稍微添加配方奶「擋一下」。母乳當然還是要繼續哺餵。

2.媽媽有愛滋病，或者正在化療，或者服用一些特別的藥物（請與您的小兒科醫師確認是否能哺乳，不建議與其他非婦兒專科醫師討論）。

以下都不是使用配方奶的理由：

1.覺得寶寶好像沒吃飽？請勿憑感覺。分辨寶寶是否吃飽的方法在上文有敘述。

2.黃疸？黃疸絕對不是停止母乳的理由！如果有任何醫師或親戚因為寶寶黃疸而建議您「停止母乳，改用配方奶」，請不要接受。當然，暫停一兩天是可以的，但還是要持續擠奶。

3.吃母乳比較會拉肚子？絕對錯。正常母乳便本來就稀稀黃黃的，並非吸收不良。

4.其他誤解：包括乳腺炎、感冒、吃感冒藥，還有一大堆稀奇古怪的理由，大部分都不是停止母乳的原因。

現在高齡產婦越來越多，如果您已經很努力，然而乳汁依然不是很足，或其他不可抗拒的理由，必須使用配方奶，那麼可以選擇您喜歡的廠牌。選配方奶的原則很簡單：只要是大廠牌的嬰兒奶粉即可。網路上有很多以訛傳訛的謠言，都沒有科學根據，比如說：

1.某些牌子比較會便祕，某些比較不會？此論點並沒有證據，而且常常某藥局老闆介紹比較不會便祕的廠牌，竟是另一位藥局老闆所不建議的，相互矛盾的狀況比比皆是。

2.喝羊奶比較不會過敏？完全沒有根據，而且還比較貴。

3.某些牌子添加某種營養素，或者添加益生菌，號稱比另一家廠牌好？事實上並沒有這回事，也無從比較起。

現在的嬰兒奶粉，都必須符合WHO的嬰兒奶粉規範才能通過審查，也就是說，不管什麼品牌，內容應該都大同小異。但是沒聽過的小品牌也許是有毒的黑心奶粉，因此還是避免為妙。

如果您的孩子有過敏現象，可選用「水解蛋白奶粉」。什麼是有過敏現象？比如說喝奶後會有異位性皮膚炎，或過敏性血便等等症狀。但是這些孩子使用水解蛋白奶粉，只能「等於」母乳對於過敏的幫助，並不能「超越」母乳的效果；至於沒有過敏的孩子，應該不需要使用水解蛋白奶粉，因為水解蛋白奶粉對於消化系統還是有些許的影響。水解蛋白奶粉選取的原則也是一樣：大廠牌即可。有些廠商以「水解程度」來強調自己的優勢，事實上「水解程度」的標準各家廠商可能不一致，因此也無從比較起，而且並非水解程度高的就比較有效。

根據研究，對牛奶過敏的寶寶同樣也會對羊奶過敏，因此當遇到過敏的時候，羊奶並不在選擇之列。

選好了配方奶，就依照罐子上的指示，上面寫怎麼泡，就怎麼泡。大致上奶粉罐裡的匙子有兩種：一匙加三十毫升開水的小匙，或一匙配六十毫升開水的大匙。先在奶瓶加入滾燙的水，然後加入適量的奶粉，拴緊搖勻後，在冷水龍頭下沖涼，滴一滴在自己的手背上試試溫度，不會太燙的話就可以餵了。

第一個月一天約餵六到八餐（每三小時間隔），兩個月之後可以改成一天餵五到六餐（約每四小時間隔）。餵配方奶最怕的並不是吃不飽，反而是餵太多，因此千萬不要強迫餵食。每天的總奶量平均約「一五〇×公斤／體重」毫升，但仍要看寶寶本身的體質需要而定。奶量的算法應該是「加入的水量」，而不是「泡出來的刻度」，這點常常被誤解。**容易溢奶的寶寶則不適合強迫四小時餵一次，應該少量多餐，改三小時餵一次，並減少每次餵食的奶量。**

如果您還沒有放棄餵母乳，只是奶水真的很少，而新生兒體

黃醫師聊聊天

有些媽媽因為餵母乳失敗，就一股腦的給配方奶，將母乳完全停掉，這是沒有必要的。就算沒有辦法純母乳，讓寶寶兩種奶搭配著喝，還是有某種程度上的好處，所以媽媽千萬不要放棄啊！

重又掉得很多，想用配方奶擋一下，卻不希望造成乳頭混淆，怎麼做呢？有一個方法，就是使用「嬰兒餵食管」貼在媽媽乳房，讓他吸的依然是媽媽的乳頭，喝到的卻是補充的配方奶。如果以後媽媽的母乳又多了起來，回到純母乳的階段，就不再需要嬰兒餵食管，寶寶也不會有乳頭混淆的問題。嬰兒餵食管的使用方法，請與您的小兒科醫師討論。

2 第二時期（四～十二個月）：添加副食品

雖然世界衛生組織（ＷＨＯ）建議六個月大以上再餵副食品，然而我個人並不是很贊同。最近有新的研究發現，**提早一點吃副食品，反而可以增加對食物的耐受性，進而減少食物過敏的機率**。而且根據我的臨床經驗，稍微提早吃副食品的寶寶，日後副食品添加的質與量，都比太晚才開始吃副食品的寶寶還要好。當然，我並不是建議四個月就開始給嬰兒大魚大肉，而是循序漸進的開始。

市面上有很多書籍，以及網路上的熱心媽媽提供副食品的經驗，都很不錯，只要有心研究，資訊很容易取得。但是，因每個家庭狀況不盡相同，資訊太多，家長反而不知從何開始。尤其是忙碌的雙薪家庭，白天將小孩交給保母或老人家，事情又變得更加複雜。

我的經驗是，只要錯過四到八個月這段黃金時期，隨著小孩越來越聰明，就會開始耍賴、鬧脾氣，添加副食品就會更困難。有些寶寶因此一直以「喝奶」為主食，導致體重停滯不前，甚至便祕、情緒不佳、常生病、抵抗力變弱等等問題，直到上幼稚園為止。何苦來哉！

別擔心！我的添加副食品方法很簡單；只要照著我的方法做，再笨的人（像我本身就是廚房白痴），也可以給寶寶很好的營養。

四個月到五個月——開始吃澱粉質

四個月到五個月之間，選個黃道吉日，就是您家的寶寶開始對大人的食物感興趣的那一天，即開始嘗試了。買一盒米精**（純的，勿添加其他口味）**，泡適量的水或者母乳，在碗裡打成糊狀，就變成米糊了，這是寶寶的第一份副食品。選擇一天的任何一餐開始，**先不喝奶**，用小湯匙給寶寶餵米糊，不要急，先看看他的反應。有些寶寶很快會吞嚥，有些寶寶則要試個一兩週，沒關係，反正先讓他玩一玩。玩夠了，或者不想吃了，才讓寶寶喝奶。這是第一步驟。

有些家長開始副食品的方式是「將米精或麥精跟奶混在一起喝」，這是錯誤的作法。這樣添加的米精量只有一

黃醫師聊聊天

除了WHO建議六個月才吃副食品之外，美國小兒科醫學會仍然維持嬰兒四到六個月時就可以開始添加副食品。

我認為WHO必須顧及全球的狀況，包括大部分在落後國家的嬰兒來訂定指引，而這些國家普遍營養不良，唯有母乳是可以保證營養均衡的食物。至於先進國家如美國和台灣，則不需要等到六個月才添加，也較符合嬰兒的生理狀況。

匙，熱量很少，卻讓家長誤以為「已經添加副食品了」，並且完全沒有訓練到寶寶吞嚥或咀嚼的肌肉。

五個月到七個月——開始增加食量，與增加食物種類

等到寶寶已經學會吞嚥，並且您挑選的那一餐寶寶已經可以吃一小碗的米糊，就開始增加餐數：早上、中午與晚上三餐，都先吃米糊，再喝奶，這樣就有三餐的副食品了，寶寶此時差不多五到六個月大。時間究竟要早上幾點？中午幾點？晚上幾點？我說，隨便。只要家人能配合，幾點都好，有吃到最重要。

因為吃的量越來越大，就不用買米精了，直接熬稀飯打爛。稀飯雖然已經很軟，但是有些寶寶仍不喜歡顆粒的感覺，所以最好還是將熬好的粥放入果汁機或食物處理機，打成泥狀，再用嬰兒食物盒（或者是冰塊盒）分裝成一份一份，冷藏或冷凍冰起來，要吃的時候再微波或電鍋加熱即可。**我建議吃糙米粥，會比白米好，因為糙米的殼非常有營養，對寶寶很好。**

當三餐的米糊都可以吃到一定的量時，就可以開始添加新的食物種類了。比如說，這個禮拜想添加紅蘿蔔，就將糙米與半截紅蘿蔔丟進電鍋，煮熟，挖進果汁機打成泥，放進

副食品的盒子冰起來，就可以了。

增加食物的種類以「一個禮拜增加一種」為單位，比如說第一週添加紅蘿蔔之後，寶寶沒有起紅疹、拉血便、食慾不振等等情形，下個禮拜就可以加第二樣，像是花椰菜，加上紅蘿蔔一起丟到電鍋裡煮。這種作法雖然很沒大腦，但是又快又方便，營養也可以完整添加，我稱之為「嬰兒的分子美食」。

大概到了八個月大的時候，寶寶已經可以吃很多東西了，包括各種蔬菜、番茄、洋蔥、豆類、吻仔魚、雞肉泥、蛋黃、水果等等，只要沒有過敏的症狀，都沒有禁忌。如果突然有明顯過敏的跡象，當週所添加的食物就暫時不要添加，等寶寶一歲以後再試看看。

水果雖然是好東西，但是不需要一開始就添加。理由是它的熱量不高，對生長發育幫助不大，只能提供纖維素與維生素而已。每次使用我這種懶人電鍋法製

黃醫師聊聊天

有時候我和太太實在很累，沒有力氣弄食物，或者出門在外比較麻煩的時候，就上網買現成的嬰兒食品罐頭。雖然大部分時間自己做飯比較有趣，但偶爾吃點外食（嬰兒食品罐頭），寶寶也是滿高興的。

另外，很多媽媽添加副食品的時候擔心不能吃海鮮、蛋白、花生粉等等。事實上，並沒有研究證明「逃避」這些可能過敏的食物，能夠防止產生過敏性疾病。因此，我的建議是，不管什麼食物都可以添加，只是一週添加一種，發生過敏才停止。

1.一杯糙米對四杯水丟進內鍋

2.丟入兩三種不同顏色的蔬菜（花椰菜，紅蘿蔔等等），和一份蛋白質（豆類，蛋黃，魚或肉），外鍋加滿水。

3.煮好之後丟進食物處理機打爛成泥

4.裝進食物盒或冰塊盒冰起來，就大功告成了！

圖3-3：黃醫師的電鍋嬰兒料理

造副食品時，在電鍋裡丟入兩三種不同顏色的蔬菜（花椰菜，紅蘿蔔等等），丟一份蛋白質（豆類，蛋黃，魚或肉），再加上糙米，營養就非常均衡，什麼都有了。

蔬菜蒸久了會黃掉，所以也可以另外清燙後，再跟糙米糊混合攪拌。當寶寶吃得意猶未盡，吃完還想要吃的話，下一次就可以給更多的副食品，奶量也會相對減少。

七個月到九個月——漸漸以副食品為主

這時候寶寶應該已經達到剛才所提的：三餐先吃副食品，才喝奶的階段。副食品隨著寶寶食慾不斷增加，其中吃得最好的一餐，從八個月大開始，就可以直接把那一餐斷奶，也就是那一餐只吃副食品，不喝奶。原則上，八個月開始，可以每兩個月斷一餐奶。也就是，八個月大時少喝一次奶，十個月大時再少喝一次，大約一歲的時候，三餐都吃副食品就可以不需喝奶，在一天另外的時間喝兩次到三次就可以了。當然，奶量少了，從七個月開始，餐與餐之間，就可以開始訓練寶寶喝水。

很多寶寶到了六個月之後開始厭奶，喝奶的量還不如六個月之前，請放心，這是正常的。如果您的孩子副食品照我上述的添加，一天的奶量只需兩百到三百西西就已足夠，剩下的水分由食物中攝取，或者另外喝開水。

當您的副食品做出來之後，一定要自己挖一小口嚐嚐，如果淡而無味，可以加點鹽，加點糖，加點橄欖油，都沒有關係。很多人做嬰兒食品都不敢加鹽巴，不敢調味，根據這問題我請教過許多專家，不論是新生兒科醫師，或者小兒腎臟科醫師，都給我同樣的答案：**幼兒的腎臟功能好得不得了，沒有理由不能加點鹽巴，或者調味料，當然適量即可。**

想想看，如果連做家長的您都覺得很難吃，怎麼還要求寶寶把食物吞下肚呢？

九個月到一歲

這個時期的寶寶可以開始嘗試吃有一點點顆粒感的東西，食物丟進果汁機或攪拌機裡，可以不用再打的很均勻，顆粒粗細沒有限定，只要寶寶肯吃就都沒問題。有些小孩甚至喜歡吃飯粒而不是粥狀物，當然也是可以省去攪拌的步驟。

以下是一位德國醫師提供給九個月大德國小孩一天的飲食，一天三次副食品，喝兩次奶（算兩次半，有一次和穀物打在一起），跟我上述的觀念很類似，簡單明瞭，各位家長可以參考一下，再根據我們本土的食材加以改變。

第一餐（早上七點半）——母乳或配方奶

第二餐（早上十點）——同第一餐

黃醫師聊聊天

早產兒的配方奶本身鈉離子含量很高，喝起來還真有點鹹味。如果連早產兒的配方奶都可以加點「鹽巴」，更何況是正常的嬰兒副食品呢？

第三餐（中午十二點）——蔬菜＋馬鈴薯、碎肉泥，加點橄欖油

第四餐（下午三點半）——穀物水果泥

第五餐（下午六點半）——牛奶穀物泥

一歲的孩子就可以完全吃大人的食物了，此時我建議家長可以準備一把熟食專用的剪刀，不論是在家，或是出門外食，可以幫孩子把合宜的食物剪成碎片再讓他們吃，就很方便了。吃飯的時間可以開始跟大人三餐同步，活動量大的孩子，甚至可以下午增加一餐點心時間。如果食用副食品的量很多，記得要給小孩喝水。

黃醫師聊聊天

很多媽媽懷疑，我的寶寶吃東西幾乎都用吞的，好像沒什麼咀嚼的動作，這樣可以嗎？答案是可以的。事實上三歲之前，很多小孩吃東西都還是用吞的，別擔心，他們的胃功能好得很。

年齡 \ 時間	0	2	4	6	8	10	12	14	16	18	20	22	24
追奶期(0-1個月)	餵奶	餵奶	餵奶	餵奶	餵奶	餵奶	餵奶	餵奶	餵奶	餵奶	餵奶	餵奶	餵奶
穩定期(1-4個月)		餵奶		餵奶		餵奶		餵奶		餵奶		(餵奶?)	
澱粉類副食品(4-5個月)		餵奶		餵奶		米糊，餵奶		餵奶		餵奶			
增加副食品種類(5-7個月)		餵奶		米糊，餵奶		增加副食品，餵奶		米糊，餵奶		餵奶			
斷奶一期(7-9個月)		餵奶		副食品，餵奶		副食品，水		副食品，餵奶		餵奶			
斷奶二期(9-11個月)		餵奶		副食品，餵奶		副食品，水		副食品，水		餵奶			
斷奶三期(11個月-1歲)		餵奶		副食品，水		副食品，水		副食品，水		餵奶			
成長期(1歲3個月)				自己用湯匙吃飯，用手抓finger foods									

圖3-4：副食品建議 ※（餵奶？）表示可試著此餐不餵奶

3 第三時期（一歲之後）：餵食困難

老一輩的台灣人可能還會見到因為貧窮而營養不良的孩童；但在二十一世紀的今天，食物的取得對大部分家庭已不成問題，反而是「餵食困難」成為父母的煩惱。

根據統計，約有二〇％～六〇％的家長反應孩子有挑食，吃太少，或各式各樣的餵食困難。年輕父母常以強迫餵食的方式試圖改善問題，造成緊張與對立；老一輩的照顧者則採放任態度，讓孩子自己挑選食物，導致營養不均衡，或生長遲滯。

基本上，孩童餵食困難的診斷與處理牽涉到三個因素：孩童本身，照顧者的態度，以及餵食環境。這三個因素相互影響，如果要解決孩童餵食問題，必須三者同時檢視，才能真正找到癥結所在。

餵食困難分為六種情形，除了最後兩種因為慢性疾病，或忽視與虐待造成的餵食困難需要醫療協助之外，其他四種餵食問題，都可以藉由父母親或照顧者的調整與配合，得到改善。以下就讓我簡單介紹這類孩童照顧的方法：

1. 父母過度擔心

這類的孩子雖然體型較瘦小，但經矯正父母身高的平均值後，整體成長是符合標準的，所有的疑慮皆來自父母親過度的期待與要求。如果繼續強迫孩童進食，不但會破壞親子關係，還會讓孩子轉變為第三種「畏懼進食」的行為。

這種狀況下，需要教育的應該是家長而不是兒童。爸爸媽媽可以比對兒童生長曲線，知道孩子屬於多少百分位，以及生長的趨勢。可以問問祖父母與外公外婆，爸爸媽媽本身是否小時候也屬於「慢熟型」的兒童，如果也是，就可以緩和對孩子慢熟的焦慮。家長要知道的是，一歲以下的寶寶可以長得很快，但是到了一歲以上，有時候一年只會增加兩公斤左右，甚至三四個月體重都沒有增加，這些都是正常的現象，不需要擔心。

此時家長若強迫餵食，只會讓孩童發生「進食恐懼症」；他們會以哭鬧，弓背，嘴巴緊閉等行為來抗拒進食，讓親子餵食關係更為惡化。

2. 活潑好動的小孩，但胃口有限

這是一到五歲餵食問題最常見的狀況。這類孩子的特徵是：吃東西不專心，容易被其他事件吸引，吃一兩口飯就跑走，家長每次餵食都要連哄帶騙，到處追著跑。家長處理的方法不管是放任的態度，或者是強迫孩童進食，結果都不好。這類孩子的主要處理方式，是藉由增加飢餓感和吃東西後的飽足感，來促進孩子的食慾。

事實上，每個孩子腦部都有一個飢餓中樞；飢餓中樞會告訴孩子「飢餓的程度」，進而決定他應該吃多少東西。但是家長們皆傾向替孩子決定食物的多寡，讓飢餓中樞的功能被忽視，長期下來，孩子就以不肯吃飯作為無言的抗議。根本的解決方法，就是將「吃多少」的主權還給孩子，家長只需要主導「食物的營養與熱量」，這樣約二到四週，孩子的食慾就會有改善的傾向喔！

那麼，我們該怎麼做呢？這裡提供六個方法供家長參考：

（1）訓練孩子的飢餓感：如果孩子隨時可以吃牛奶、牙牙餅、點心、果汁，這樣他根本不知道什麼是飢餓感。所以，我們應該讓孩子了解什麼是飢餓。訂下規矩，一天除了三個正餐與下午點心時刻以外，兩餐之間不准吃其他東西，只能喝白開水。正餐時間讓孩子坐在餐桌，將食物準備好。如果孩子選擇不吃，二十分鐘內就把食物收起來，這餐就讓他餓肚子沒關係。您必須尊重他的選擇，事實上，一天少吃一兩餐，我保證對他也不會有什麼傷害。**讓孩子感受飢餓，是訓練孩子飢餓中樞最好的方法；當孩子了解飢餓感之後，**

他就會好好把握能夠吃飯的時間。

（2）讓他自己吃飯：當孩子一歲三個月到一歲半左右，已經會拿湯匙的年紀，就讓他學著自己吃飯。如果您還在替他拿著湯匙，面帶微笑，口出「啊」聲，試圖騙取孩子一絲絲的同情，勉強張開尊口吃下那一點點食物，請停止這些舉動吧！

吃飯時間，將食物放在餐盤上，讓他自己抓食物吃，吃多吃少，由他自己決定。兒童常常反覆，一下希望獨立自主，一下又期盼依賴感，有時想自己吃，有時又希望媽媽餵食。當他要你餵食時，餵一下沒關係，而當他不想要你餵時，就讓他自己吃。

（3）替他準備切丁的熟食或水果，可以用手抓取：這種切丁的小食物我們叫做finger foods，也就是小孩可以自己用手抓取的食物。弄一盤切丁的熟食或水果，讓孩子自己決定想吃什麼，想吃多少，也可以訓練孩子手指的小肌肉。切丁的小食物有兩個條件，第一就是要軟硬適中，太軟抓不起來，太硬又可能會嗆到。第二個是大小適中，最好是孩子抓起來可以直接放到嘴巴裡的大小。舉例來說，煮熟的蘋果丁、紅蘿蔔丁、花椰菜丁、馬鈴薯丁等等，都是很好的finger foods。一般來說，八到十個月以上就可以開始讓他吃這種切丁大餐，孩子有一邊遊戲一邊吃飯的愉快感——最重要的是，他認為自己主導著這一餐。

（4）不要準備太多食物給孩子：太多的食物讓孩子倒胃口，因為他無法吃完這麼多東西，會有挫折感。最好弄個大大的盤子，裡面只有少少的食物，讓孩子全部吃完，滿足他的成就感；如果他還餓，跟您討食物，就再分給他多一些。另外，不要跟您的孩子賭氣，故意每一餐都放他最討厭的食物（比如您認為很營養的花椰菜），這樣好像在挑釁一樣，孩子會放棄吃那一餐，反而更糟。

（5）每天喝奶的次數降為一次以下。

（6）吃飯氣氛要愉快：非常重要！別開電視、別吵架、別討論嚴肅的話題。更不要在孩子面前討論他不肯吃飯的問題。孩子吃完不需要稱讚他，吃不完也不要責怪他，讓他知道吃飯時間是為自己而吃，而不是為了取悅父母而吃。如果家人都吃完了，剩下孩子還沒吃完，若他不想再吃，就把桌子收拾乾淨，吃飯時間就結束了。千萬別把孩子一個人留在餐桌上，撂下一句「沒吃完不准給我下來」之類的話，這樣只會把情形弄得更糟糕。

3.畏懼進食

這些孩子可能曾經被強迫餵食，或者嗆到、噎到，或嘔吐等等非常不舒服的經驗，開始對吃東西展現明顯畏懼。另外有些是孩子曾經經歷過鼻胃管餵食，在換回經口飲食的過程中，沒有經過好的餵食技巧訓練所導致的。

這時候家長必須停止強迫餵食，並且利用孩子在放鬆或愛睡的時候餵食，減少孩童畏懼的敏感度。另外也可以改變餵食的器具，比如說孩子很怕奶瓶，可以改用杯子或湯匙等等。至於曾經使用過鼻胃管的孩子，必須諮詢復健科正確的餵食技巧，改正餵食方式。

4. 選擇性挑食

兒童挑食的問題，解決方法其實是很類似的。挑食的孩子吃的食物量可能很夠，熱量也足，只是不肯吃某一類型的食物，比如說蔬菜，或者是肉。每次吃飯的時候，他們就把討厭的那一道菜推到盤子邊緣，死都不肯碰。如果家長強迫他們把東西吃下去，孩子可能會有作嘔的狀況，甚至真的吐出來。

有時候挑食的原因，是因為扁桃腺腫大，嘔吐反射過度敏感，因此碰到大塊的食物，或者太硬的食物，就會想吐。既然孩子不是故意的，知道這個狀況之後，以後可以烹煮較軟的食物，或者將食物切小塊一點。

遇到挑食的孩子，最忌就是跟他硬碰硬。基本上，很少食物是不能被取代的，比如說不愛吃肉，那麼有魚，有蛋，有豆類，都可以提供足夠的蛋白質。又比如說不愛吃蔬菜，那麼水果當中纖維質較多的柑橘類、葡萄、奇異果，各色各樣的水果都可以提供幾乎足夠的營養。順著他喜歡的食物，尋找營養均衡的組合；如果不是很確定，可以請小兒科醫師幫您會診營養師討論。

要訓練孩子吃他討厭的食物，可不定時提供一點點讓孩子再度嘗試，但只是要讓他有這個機會而已，不一定要強迫他食用。若孩子肯嘗試，此嘗試可能要重複十到十五次以上，他才可能真正接受它，千萬不要性急。就算孩子吃了那一小口，也不要表現得好像中樂透一樣地高興，壓抑一下您的感情，保持中立態度，才不會給孩子太大的壓力。

不要跟挑食的孩子談條件，比如說吃顆花椰菜就給你布丁之類的約定。有些媽媽心裡焦急，三不五時就警告孩子挑食的壞處，尤其在用餐的時間囉哩叭嗦，讓吃飯的氣氛變得非常不愉快。還有一種剛剛提過不好的狀況，就是家人都吃完飯，留下一個孩子在飯桌暗自垂淚，面對一小碟不愛吃的青菜，孩子不肯吃，父母不肯讓步，就僵持在那裡。這些適得其反的作法都非常要不得，不要讓吃與不吃這件事，成為您與孩子之間的隔閡，更不要讓它成為孩子控制您的武器。

總而言之，面對挑食的孩子，就是「誘導但不強迫，尊重孩子的喜好，尋找替代食物，情緒保持中立」這四個重點。

5. 遭到忽視或虐待而營養不良

這種孩子是真正的營養不良，大部分發生在社經環境低下的家庭，照顧者不盡責與忽視，或照顧者／孩童本身有精神官能方面的疾病，無法有正常生活。孩子通常各項發展都有遲緩，體重下降，免疫力差，並且營養不良，必須會同社工人員處理根本的問題。

6. 因慢性疾病影響食慾

孩子因為慢性腸胃疾病、皮膚病、自閉症，或其他身體疾病而影響食慾。這樣的孩子要治療其根本的疾病才能解決，需要專業的醫師評估後，依照病情做進一步處理。

重點整理

1. 父母過度擔心。
（1）孩子的胃口好像有限，但事實上營養需求已經足夠。
（2）出生時就瘦小，或者是早產兒。
（3）孩子雖然瘦小，但對應父母平均身高，屬於正常範圍。

2. 活潑好動的小孩，但胃口有限。
（1）孩子活潑好動，但是很少有肚子餓的跡象，對吃東西興趣缺缺，比較喜歡玩耍以及與人互動。
（2）孩子吃一兩口就飽了，而且進食的時候容易分心，很難乖乖坐在餐桌上。

3. 畏懼進食。
（1）孩子對於餵食展現明顯的恐懼，一看到食物或奶瓶就哭鬧，拒絕張開嘴巴等行為。
（2）曾經經歷過不愉快的餵食經驗（如噎到，或透過鼻胃管餵食）。

4. 選擇性挑食。
（1）孩子因為某些食物的氣味、質地、外觀，或溫度，產生抗拒而不吃。
（2）除了食物以外，對於其他感官也有同樣敏感與挑剔的狀況，如：聲音、身上的飾物，光線等等。

5. 因慢性疾病影響食慾。

6. 遭到忽視或虐待而營養不良。

注❶：其他有關餵母乳的問題，可以拜訪國民健康局哺乳衛教的網站（www.bhp.doh.gov.tw/breastfeeding），或者是台灣母乳協會的網站（www.breastfeeding.org.tw）。

第四章

孩子生病了！

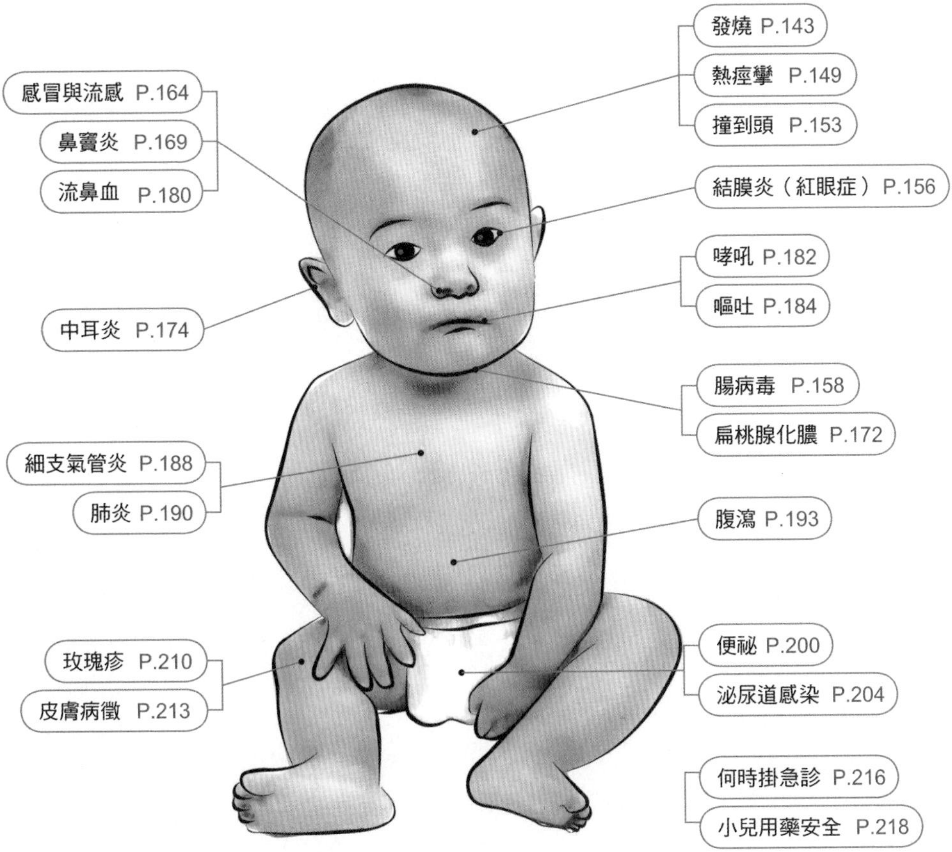
感冒與流感 P.164
鼻竇炎 P.169
流鼻血 P.180
中耳炎 P.174
細支氣管炎 P.188
肺炎 P.190
玫瑰疹 P.210
皮膚病徵 P.213
發燒 P.143
熱痙攣 P.149
撞到頭 P.153
結膜炎（紅眼症）P.156
哮吼 P.182
嘔吐 P.184
腸病毒 P.158
扁桃腺化膿 P.172
腹瀉 P.193
便祕 P.200
泌尿道感染 P.204
何時掛急診 P.216
小兒用藥安全 P.218

身為小兒科醫師，每天面對最多的，莫過於生病的小朋友了。台灣現在生育率低，每個孩子都是寶，一旦生病了，家長難免憂心如焚，一方面希望孩子趕快康復，一方面也想知道為什麼生病，要怎麼預防。

根據我的了解，其實網路上已經有非常多與疾病相關的衛教文章，隨便搜尋就唾手可得。然而我發現，這些文章經常以醫生的角度來描述疾病，使用許多醫學專有名詞，一般的家長真的很難看懂。

基本上，大部分的媽媽並不想知道流行病學，也不想知道某種細菌的界門綱目科屬種等等太專業的資訊，應該只是想了解「怎麼照顧」和「如何預防」兩件事吧！不是嗎？所以我的衛教文章，將儘可能提供這兩個方向的內容；雖然不可能盡善盡美，但至少讓大家「輕輕鬆鬆的閱讀」，不再因為孩子生病而焦慮。

1 發燒

小兒發燒是家長最常見到，也是最令家長擔憂的問題。接下來我簡單的介紹發燒問題，希望讓父母對小兒發燒能更了解，也更不會害怕。

發燒的定義：

1. 發燒的定義是肛溫（或耳溫）大於（等於）三十八度；口溫（包括奶嘴溫度計）大於（等於）三十七・五度；腋溫大於（等於）三十七・二度。
2. 六個月以下的小孩用耳溫槍可能不準，但可以當做參考，再用肛溫確認。
3. 如果父母親覺得小孩摸起來比平常熱，請不要忽略您的直覺——有七四％真的是發燒喔！趕快用體溫計確認一下吧！
4. 一般嬰兒的體溫比大人還要高；如果穿太多，或洗完熱水澡，或天氣較熱，有時候會上升至三十八・五度。若懷疑是假性體溫上升，您可以讓孩子安靜一個半小時之後，再測量一次。

發燒的原因：

1. 幾乎來到醫院的發燒病童，九〇%以上都是病毒感染引起。只有很少的部分是細菌感染，以及其他疾病引起的發燒。

2. 請注意：**長牙不會引起發燒**，長牙真的與發燒無關。每次看門診的時候，我都需要一直重複這句話，希望家長能改正這個不正確的觀念。

病毒感染引起的發燒：

1. 會感染人類的病毒有上千種，大部分都無法驗出。然而，會致命的病毒幾乎都已經有疫苗，剩下的病毒只有少數會造成比較大的傷害（如腸病毒71型）。

2. 不管是流感病毒、輪狀病毒、腺病毒、腸病毒，很多病毒都有可能造成發高燒。

3. 病毒感染發燒大部分在三到五天內都會自然退燒。病毒沒有特效藥，大部分也沒有抗病毒藥物，等孩子產生抗體之後自然就會

黃醫師聊聊天

嬰兒大約在六到八個月的時候長牙，此時也剛好是母親送給寶寶的抗體漸漸消失的時候，他因此比較容易受感染而發燒。這就是為什麼很多人都以為長牙會發燒的道理。

退燒。

面對發燒正確的觀念：

1.發燒並不是造成傷害的原因：發燒只是孩子生病的症狀，去找引起孩子發燒的原因才是重點，退燒不是絕對必要的選項。

2.溫度高低並不等於疾病嚴重度：孩子退燒時的活動力好與壞才是疾病嚴重與否的重要指標。但是不可諱言的，溫度若超過四十度，細菌感染的機會的確稍微高一些。

3.發燒不會燒壞腦袋：此錯誤觀念已經深植人心，常常造成醫病溝通困難。過去的人認為發燒會燒壞腦袋，是因為以前發燒的孩子很多是得到了腦炎，比如說日本腦炎、腦症，還有細菌性腦膜炎等等。這些人是因為「腦炎」才壞了腦袋，並不是因為「發燒本身」。我舉個簡單的例子，一個肺炎的孩子發燒再怎麼高，也不會壞了腦袋；反之，一個腦炎的孩子不管發燒幾度，腦袋都會有危險，這樣的說明希望讀者可以理解。另外，只有約百分之四的孩子在發燒時會有熱痙攣的現象，那是體質問題，並不是每個人高燒都會發生。即便您的孩子發生熱痙攣，只要抽搐時間在數分鐘內，也不會造成腦部傷害。

4.發燒是好事情：發燒可以提升免疫系統的效能，大量退燒藥反而會降低免疫力，使病毒更不易被殺死。

以下都是發燒時正常的現象：

1. 用了退燒藥依然不退，或者退了又再燒起來，比之前更高——這是正常的！
2. 發高燒時手腳冰冷發抖（畏寒）——這也是正常的！
3. 發燒時小孩懶洋洋，很不舒服，但退燒後又生龍活虎——這更是正常的！

正確照顧孩子發燒的方法：

1. 多喝水，但不需要強迫他。少量多次的餵食水分，冷熱不忌。
2. 既然發燒是好事，就不需要輕易退燒。退燒的目的是讓孩子舒服，一般而言，三十九度以上孩子才會感到不適，此時再退燒即可，但狀況因人體質而異。孩子若安安穩穩的在睡覺，沒有不舒服哭鬧，就不需要將他吵醒強迫餵退燒藥。
3. 退燒藥介紹：Acetaminophen或Ibuprofen這兩種藥劑，是小兒科最常使用的兩種退燒藥水。水劑劑型都是（體重／2）毫升，亦即十公斤孩子每次喝五毫升，依此類推。通常我會建議Acetaminophen和Ibuprofen交互使用，每次相隔三小時；吃藥後三小時內不需要量體溫，三小時後再量，如果仍發燒，再給第二種退燒藥。如果三小時之後體溫已經下降，就不需要馬上吃第二種退燒藥。這樣可以達到約每六到八小時才使用同一種Acetaminophen或Ibuprofen，而不會藥物過量。每次用藥要等待兩小時藥效才會完全發揮，大約可以降一到一・五度的體溫。

4. 只有退燒藥「真正」具有退燒的效果。其他輔助的方式如退熱貼、冰枕、溫水擦拭等等，都只是讓孩子舒服一些，並不會對中心體溫有任何的影響。

5. 退燒塞劑並沒有醫學根據，台灣卻非常流行。只有當孩子嘔吐不能吃藥的時候，我才會使用退燒塞劑。使用塞劑，燒退得快，燒起來更快，常常因此畏寒發抖。

6. 小孩手腳冰冷時穿多一點，小孩冒汗時穿少一點，勿反其道而行。

7. 錯誤的照顧：酒精擦拭、使用阿斯匹靈、瘋狂的使用退燒塞劑、逼汗。

黃醫師聊聊天

再次重申，破四舊觀念：

發燒不會壞腦袋，長牙不會發燒，不要輕易的退燒，精神不佳快就醫。

送醫的時機

1. 您的孩子小於六個月。
2. 發燒超過兩天。
3. 超過二十四小時仍然只有發燒，沒有感冒或腸胃的症狀。
4. 燒到四十度以上。但您不確定孩子是一般病毒感染還是細菌感染。
5. 您孩子有細菌感染的症狀：比如說燒退時仍精神萎靡（最重要！），細菌感染包括腦炎、肺炎、中耳炎、鼻竇炎等等，每一種細菌感染症狀都不一樣，唯一的共同點就是精神不佳。
6. 其他不正常的現象，如意識不清，抽搐等等。❶

注❶：其他問題可以參見兒科醫學會網站：www.pediatr.org.tw/people/edu_info.asp?id=1

2 熱痙攣

很多人應該已經知道熱痙攣不是什麼大問題，但是身為父母，看到自己孩子抽搐的恐怖模樣，恐怕還是一刻也無法忍受。這裡我提供美國小兒科醫學會一些標準的照護建議，供爸媽們參考。

首先，我們要知道熱痙攣與「體質」，與基因有關，是有家族遺傳的。也就是說，並不是小孩溫度燒太高就會熱痙攣，必須擁有這個體質的孩子，發燒時才會有熱痙攣。熱痙攣的體質在孩童的比例大約二%到五%，發生的年紀約六個月到五歲之間。熱痙攣首先一定要合併發燒，有發燒才叫做「熱」痙攣，沒有發燒而抽搐就只是痙攣而已。熱痙攣進一步分為簡單型（simple seizure）與複雜型（complex seizure），顧名思義，簡單型比較好解決，複雜型則否。

簡單型熱痙攣的定義是：

1. 發作時間少於十五分鐘；
2. 兩手兩腳對稱性的全身抽搐，包括眼睛上吊，嘴唇發紫；
3. 在二十四小時內只發作一次，沒有復發。

如果您的孩子不屬於上面的描述，就叫做複雜型的熱痙攣，是比較不好處理的。一個六個月到五歲的孩子，發生簡單型熱痙攣，沒有其他腦炎或腦膜炎的危險，也沒有代謝性疾病，這樣的熱痙攣是很溫和也很安全的，幾乎所有發作的孩子都可以正常的發展與長大，完全不需擔憂。

我常被問到的問題是：孩子將來會不會變成羊癲瘋（癲癇症）？事實上，有熱痙攣與沒有熱痙攣體質的孩子，將來變成癲癇患者的機率是差不多的，有熱痙攣的孩子機率只稍微高一點點。還有家長會問：熱痙攣會不會影響到孩子的智商？答案也是不會。

熱痙攣發作的時候該怎麼處理呢？有三個原則請家長謹記：

第一：保持鎮靜。仔細觀察孩子的症狀與發作的時間。

第二：不要亂塞東西在孩子的嘴巴裡。這樣做只會讓您自己的手受傷，或者讓孩子的牙齒斷裂。

第三：讓孩子的口鼻暢通。將衣服解開，或將可能堵住口鼻的物品移開。

發作的時候大致計算一下時間。如果是複雜型發作，要趕快送醫；但若是簡單型發作則不用太緊張，來醫院給醫生檢查一下，主要是尋找發燒的原因。大部分簡單型發作不需要做腦波檢查，除非發作三次以上，才會安排腦波確定是否有其他腦部問題。

熱痙攣會不會復發？答案是：有可能。一歲以前發病的孩子，會有五〇％再發的機率；一歲以後才發病的孩子，則有三〇％；然而如果已經發作兩次，那麼約一半的孩子會發第三次。

為了預防復發，很多家長會在孩子發燒時，密集的使用退燒藥。很可惜的是，根據研究，使用再多的退燒藥，也無法防止熱痙攣的發生，有經驗的家長應該可以感同身受。因此，若孩子有熱痙攣體質，不需要每次發燒的時候都使用大量的退燒藥，這是錯誤的作法，因為會復發的人依然會發作。

另一個方法是當孩子發燒時，使用抗痙攣的藥物預防發作，這樣的作法則是證實有效的。然而大家想必知道，抗痙攣藥物基本上與安眠藥一樣，一定會有些副作用。美國兒科醫學會認為：「簡單型熱痙攣本身安全無害，反而是抗痙攣藥物可能有一些副作用，因此不建議常規使用抗痙攣藥物預防熱痙攣。」這是美國的建議，台灣因為沒有適合的準則，所以原則上由醫師決定。

若是使用diazepam（一種抗痙攣藥），於發燒的時候開始口

黃醫師聊聊天

過去我們稱反覆抽搐的病人為「羊癲瘋」，這是很不尊重人的稱呼。現在我們一般是說「癲癇病人」，或者更尊重一點，新的稱呼是「依比力斯症病人」，配合英文病名epilepsy，才不會讓人聯想到「瘋」或「癲」這樣的字眼。

服預防熱痙攣，效果可以從三〇%的發作頻率減少至之十一%，但也不是百分百有效。另一種方法是當孩子熱痙攣發作的時候，脫下褲子給予diazepam的塞劑，灌到肛門裡，可以提前停止痙攣。這兩種方式都不會給孩子額外的好處，唯一的好處是讓家長鬆一口氣，焦慮減輕，當然這也很重要。

3 撞到頭

幾乎不可能有小孩沒有撞過頭。撞頭是很正常的事：七八個月剛會坐的時候向後倒，一歲會走了向前倒，坐椅子往前翻，往後翻，每天都有家長為了這些撞頭事件就醫。有別於成人，觀察零到二歲小寶寶的身體結構比例，可以發現其頭部，因整體發育與比例關係，所佔比重大於其他身體部位，也因此，當小孩發生從高處跌落、碰撞等事故傷害時，頭部著地的機率會較高。

不過，爸爸媽媽可別擔心，因為新生嬰兒頭骨尚未密合完全，在腦脊髓液的保護下，只要不是過度猛烈撞擊，就算是從一百八十公分以下的高度自然跌落，也很少造成嚴重的頭部傷害。事實上，一些嚴重腦部受創的病例，可能都帶有「一時失控」的家庭暴力成分存在，只是沒有被揭露出來。

孩子跌倒之後，請只需觀察三件事：

1. 孩子有沒有昏倒？
2. 有沒有外傷？包括流血、瘀青、血腫等等。
3. 三天內有沒有持續嘔吐、走路不穩、頭痛欲裂、意識不清？

這三個指標決定了您的寶寶是否有腦部的傷害，如果三者答案都是「沒有」，那麼家長就可以高枕無憂，不需要做進一步的檢查。

上述三個危險因子，如果孩子有暫時性的昏倒，表示可能有腦震盪之虞，需送至醫院做檢查。至於外傷、流血，必須用乾淨的紗布或毛巾壓迫止血十分鐘，並送到急診處理傷口。嘔吐症狀則比較難判斷，因為很多孩子撞到頭之後都會有輕微的嘔吐，可能是驚嚇或者害怕的緣故，但是若發現孩子越吐越嚴重，則小心可能是腦壓上升的跡象，要趕快就醫。另外，大孩子會自己說「頭痛」，也是一個需要小心的症狀。因此**頭部撞傷後兩三天，絕對不可私自給孩子吃止痛藥，除非已經給醫師評估過允許使用**。

撞到頭之後，如果都沒有上述危險跡象，該怎麼處理呢？首先，讓孩子躺著休息一下；如果他想睡，就讓他睡吧。孩子睡著後三個小時內，家長最好不定時的察看他，觀察有沒有任何異狀。三小時內只能給孩子喝流質的食物，以免他嘔吐，讓症狀變得複雜。

在意外發生後接連兩天的夜晚，為了避免腦部慢性出血未被家長察覺，每四小時要把孩子搖醒，看看意識是否清楚，也觀察他眼神與動作。這種晚上查勤的舉動，只要兩個晚上都沒事，就不用再做了，更不需要每個小時都把孩子挖起來，這樣很殘忍。

三天後都沒有異狀，警報也就解除，未來也不會再對腦部有任何影響。因此別再問醫生「小時候曾經撞到頭，現在會不會有後遺症」這種問題啦！

至於頸椎和腰椎，有些家長看到孩子脊椎往後擺動，就緊張得要命。這裡告訴爸爸媽媽們，只要沒有外力擊打脊椎，絕對不可能傷害到裡面的脊髓，更不可能造成癱瘓。兒童脊椎傷害唯一可能發生的，就是車禍時沒有使用汽車安全座椅，頸部劇烈前後擺動；除此之外，在沒有外力的加速之下，孩子的脖子再怎麼用力甩動，也不可能造成癱瘓的！

4 結膜炎（紅眼症）

所謂的結膜炎，就是眼白的地方出現紅色的血絲。結膜炎有四種：

1. 病毒性結膜炎。
2. 刺激性結膜炎。
3. 過敏性結膜炎。
4. 細菌性結膜炎。

這四種結膜炎雖然一般家長不容易分辨，但是除了細菌性結膜炎之外，其他三種都不會影響視力，所以也不需要太緊張。

怎麼樣分辨最嚴重的細菌性結膜炎呢？第一，眼白的部分會泛紅；第二，眼睛的分泌物會多到睜不開，這是最重要的兩個跡象。如果眼睛只有一點點分泌物，那就不算是真正的細菌性結膜炎。細菌性結膜炎通常會先只有「單側」，但是過幾天可能傳染到另一邊，也可能會雙側都感染。總之，若是孩子的眼睛很紅，分泌物又多又黏，而且一開始只一隻眼睛有症狀，就表示可能是細菌感染，該去看醫生了。

病毒性結膜炎常常合併感冒的症狀，通常感冒好了，眼睛的症狀也就好了。病毒性結膜炎最厲害的就是克沙奇Ａ２４型（腸病毒的一種）引起的「急性出血性結膜炎」，雖然出血看起來很恐怖，但是幾天後就會自然痊癒了。點眼藥水對於病毒性結膜炎的病程沒有太大幫助，但是沖洗眼睛的確有舒緩症狀的效果，用生理食鹽水就可以達到目的，每兩個小時沖洗一次，睡覺的時候就不需要了。

刺激性結膜炎的發生，就是小朋友揉眼睛，把髒東西揉進去刺激結膜，造成紅眼的症狀。一般刺激性結膜炎應該在四五個小時內症狀會消失，拖太久表示刺激物還沒有排出，可以用生理食鹽水或乾淨的溫水沖洗眼睛，連續五分鐘，應該就可以把髒東西洗出。若仍無法排除，就必須找眼科醫師幫忙。

過敏性結膜炎最不容易治療，通常合併過敏性鼻炎，並且會反覆的發作。過敏性結膜炎可能就必須用眼藥水或口服抗組織胺才能控制，同時也要一起治療過敏性鼻炎。

送醫的時機

如果您孩子除了眼睛紅以外，眼球看起來有些凸起，而且告訴你他很痛，看東西會有兩個影子等等，這些都不是單純的結膜炎，必須趕快就醫，不可拖延。

5 腸病毒

台灣因為腸病毒兒童病例特多，加上政府宣導有方，大部分的家長與幼稚園安親班老師，都對腸病毒有基本的知識與了解，然而相對也有許多的誤解。錯誤的觀念有哪些呢？

誤解一：腸病毒會有腸胃道症狀。

事實：大錯特錯！腸病毒共有六十多型，然而造成腸胃症狀的腸病毒非常少。之所以叫做「腸」病毒，是因為病毒感染的途徑會經由腸胃道進入人體，而不是疾病會造成腸胃道的症狀。以後就不要再問醫生「小朋友拉肚子，會不會是得了腸病毒」這種問題了喔！

誤解二：嘴巴上有一個破洞，一定是得了腸病毒。

事實：腸病毒的口腔潰瘍，一般家長是不容易看到的。請看〈圖4-1〉，腸病毒的潰瘍破洞是長在上顎與咽部，通常比較深。至於長在嘴唇上，或長在嘴唇外面，都不見得是腸病毒喔！雖然口腔潰瘍不容易看到，但是家長可以從較大的孩子抱怨「喉嚨痛」，或者較小的孩子「突然一直流口水」，可以發現生病的癥兆。

誤解三：咽喉一定要有破洞，手腳一定要有疹子，才是腸病毒感染。

事實：腸病毒型別高達六十多種，每一種感染臨床表現可能都不一樣。「手足口病」是比較眾所皆知的症狀（手、腳和口腔內都有水泡或皮疹），而「泡疹性咽峽炎」則只有口腔內有水泡或潰瘍，手腳則無。另外，有些腸病毒只會造成發燒與皮疹，或者突然發生頭疼與嘔吐的無菌性腦膜炎，還有上一節所提到的急性出血性結膜炎等等。因此，不見得每個腸病毒感染的孩童，都有典型的「手足口症」。

誤解四：腸病毒很容易致命。

事實：腸病毒大部分都不可怕，目前只有腸病毒71型是引起嚴重症狀機率較高的一

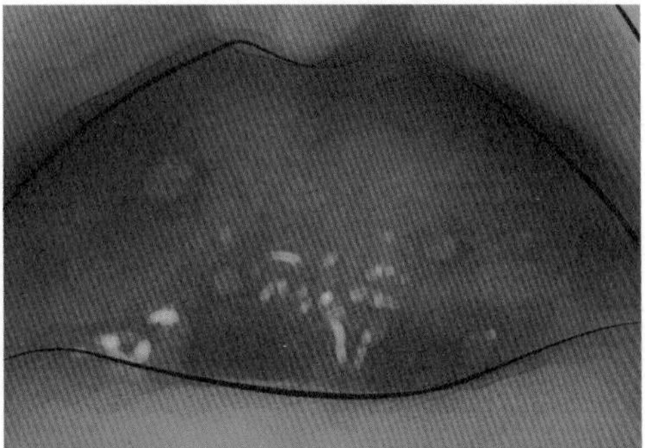

圖4-1腸病毒的口腔潰瘍
腸病毒的潰瘍破洞是長在上顎與咽部，通常比較深。

型，其他型別的腸病毒幾乎皆自然可以痊癒。遺憾的是，沒有任何一位醫師，可以直接用肉眼看出您的孩子得的腸病毒是否為71型。目前已經有一種新的快速篩檢可以驗出病人是否感染腸病毒71型，但仍在試驗評估中，將來普遍使用後，應可以讓家長更加放心。然而，**就算是腸病毒71型感染，五歲以下的孩童也只有千分之一・五到千分之三的病例會變成重症**，年紀越大機率就越低。由此可知，腸病毒實在沒有那麼恐怖。當然還是有非常少數腸病毒重症的個案，是由71型以外的型別所造成的，比如說克沙奇B型腸病毒。

所謂腸病毒重症，就是病毒沒有乖乖待在黏膜，反而跑到腦幹或者心臟這兩個重要的器官，造成腦幹失調或心臟失調，進而引發後遺症甚至死亡。如果發生了重症的跡象，越早就醫對病童越有利。因此，爸爸媽媽在家照顧腸病毒個案，應該注意下列四個早期重症跡象：

1. 體溫正常時，孩子仍嗜睡、意識不清、活力不佳、手腳無力。
2. 夜眠時肌躍型抽搐連續超過八次（類似受到驚嚇的突發性全身肌肉收縮動作。）
3. 不只一次的持續嘔吐。
4. 體溫正常時仍呼吸急促、心跳加快。

如果沒有上述四個重症跡象，表示病毒還在安全的區域，就不用擔心會有重症或死亡的危險了。單純「手足口症」或者「泡疹性咽峽炎」的病童，照護上最重要就是「水分補充」，避免孩子因為喉嚨疼痛不喝水導致脫水。冰涼的飲食比較容易被孩子接受，比如說冰淇淋、布丁、仙草，或冰牛奶、冰養樂多等等，這時候都可以盡量給予，不需要限制。

誤解五：小孩發抖就是腸病毒重症的肌躍型抽搐徵兆。

事實：肌躍型抽搐徵兆發生的時間是在快睡著的時候，而且發生不只一次。如果是發高燒的時候發抖，大部分是因為發燒畏寒所引起，這種絕對不是肌躍型抽搐。❶

誤解六：腸病毒早點來住院就不會惡化。

事實：腸病毒並沒有特效藥，所以輕症住院並不會提早痊癒。因此，除非是已經有腸病毒重症的前期徵兆，或者小孩因不肯喝東西有脫水的跡象，才需要住院。

注❶：想知道肌躍型抽搐長什麼樣子，請參考CDC網站的影片：
影片一：http://blog.roodo.com/pedi_zone/archives/8697487.html
影片二：http://www.cdc.gov.tw/sp.asp?xdurl=disease/disease_detail.asp&id=1662&mp=1&ctnode=1498

希望導正了上述六個常見對腸病毒的誤解之後，吾人能對兒童腸病毒感染能更處之泰然，而非緊張兮兮了。人類是腸病毒唯一的傳染來源，主要經由腸胃道（換尿布或上廁所沾染到含病毒的糞便），或者呼吸道（飛沫、咳嗽或打噴嚏）傳染，亦可經由接觸病人皮膚水泡的液體而受到感染。在發病之前一兩天即有傳染力，通常以發病後一週內傳染力最強；之後病童可持續經由腸道釋出病毒，時間長達八到十二週之久。因此，雖然病童居家休養的時間通常只有一週，之後回到安親班或學校，仍然要做好個人清潔，才不會不小心又傳染給別人。

腸病毒的預防方法只有勤洗手，而且要用肥皂沖水搓洗。乾洗手液對腸病毒效果不佳（乾洗手液對流感病毒才有效）。兒童玩具（尤其是絨毛玩具）是傳播媒介之一，要經常清洗消毒。幼童之照顧者（如保母、爸爸媽媽）與接觸者也應洗手，以免自己成為媒介傳播給其他小孩。

腸病毒流行期若要執行消毒，必須用稀釋一百倍的漂白水，擦拭在可能的表面，才能有效殺死無生物體上的腸病毒飛沫。對

黃醫師聊聊天

腸病毒流行期，常常在電視上可看到安親班老師或者清潔人員，拿著消毒劑到處亂噴。其實室內環境根本不應該大規模噴藥消毒，更沒有任何抗病毒的氣霧機可以殺死室內的病毒，這些都是白費工夫，還是要認真的靠漂白水擦拭消毒才有效。

於常接觸物體表面（門把、課桌椅、餐桌、樓梯扶把）、玩具、遊樂設施、寢具及書本做重點性擦拭消毒，清洗完畢的物體可移至戶外，接受陽光照射，這些都是正確的消毒方法。

6 感冒與流感

所有的大人小孩都曾經感冒過。所謂的感冒其實就是「上呼吸道感染」，由病毒所引起的。這些病毒種類多如牛毛，少說也有上百種不同的病毒，包括鼻病毒、冠狀病毒、流感病毒、副流感病毒、腺病毒等等。

很多人問：黃醫師，每年新聞報導的「流感」，和「感冒」到底有什麼不同呢？其實啊，「流感」的英文influenza（flu），是特別指「流感病毒」所引起的上呼吸道疾病；至於其他病毒引起的上呼吸道疾病，我們就叫做「感冒」。以前的人不知道感冒有這麼多種病毒，他們覺得有一種感冒特別嚴重，會發燒、咳嗽、全身無力，甚至引發肺炎，所以他們稱之為流感（flu），以別於一般感冒（common cold）。現在我們知道，流感病毒是造成流感的元兇，也的確是比較嚴重的上呼吸道感染；但我們也知道，除了流感病毒以外，也有其他病毒的感染是很凶悍的，比如說SARS。

不管是輕微感冒，或者是嚴重流感，孩子多少都會有咳嗽流鼻涕的症狀。下列有一些常見的誤解，讓我來幫大家糾正一下視聽。

誤解一：感冒早點吃藥才會好。

事實：感冒不管吃藥不吃藥，都會好。吃藥只是緩解症狀，讓感冒那幾天身體舒服一些，並無法縮短疾病的天數。唯一有縮短病程效果的抗病毒藥物是一種叫做「克流感」的藥丸，顧名思義，只對流感病毒有效，對其他病毒是沒有效果的。所以，如果孩子非常抗拒吃感冒藥，每次又哭又鬧又嘔吐，不但沒有讓他更舒服，反而增加他的痛苦，就不要再給他吃藥了。

誤解二：感冒咳嗽要抽鼻涕或者拍痰才會好。

事實：抽鼻涕或拍痰，都不會讓感冒早點痊癒，也不能「預防感冒變成肺炎」。抽鼻涕可以讓病童鼻子比較舒服，但也只是暫時的。我個人認為，抽鼻涕這種事情，在家處理就可以了，跑到診所去抽，不但增加孩子的恐懼，而且會傷害到呼吸道黏膜，實在不是很好。

我遇過很多孩子，本來不怕看醫生，因為去診所抽了一兩次鼻涕，嚇得要命，從此看見白袍就像是抓了狂一樣，死命的哭，奮力的逃跑，我看了很心疼。這樣對孩子的心理發展實在不是很好。

另一個誤解就是拍痰。小孩有咳嗽，醫生習慣會說：「回家多拍痰。」拍痰有效嗎？事實上，**拍痰只有對「沒有力氣的早產兒」，或者「臥床的老人」才有幫助**。正常的孩子感冒，支氣管炎，咳嗽有痰，拍與不拍結果都一樣，對疾病的緩解沒有任何幫助，也同樣不能「預防感冒變成肺炎」。我認為，如果孩子很享受您給他拍痰的時光，覺得很舒服，那麼拍痰就是一件好事；反之，如果拍痰的時候，寶寶又哭又鬧，只想逃跑，那拍痰不但一點意義也沒有，甚至造成孩子心理的創傷。請記住，醫學倫理第一條原則就是：切勿傷害。**強迫孩子抽鼻涕或拍痰，沒有任何好處，卻可能造成傷害，這就是不應該的。**

如果看到孩子的鼻孔已經被鼻屎或黏鼻涕塞住，要在家幫孩子清除，很簡單的方法，就是用生理食鹽水滴兩滴進去他的鼻孔裡面，揉一揉鼻子，等一分鐘鼻屎鼻涕軟化以後，再用吸鼻器（最簡單把噗型的那種，要軟頭可伸進鼻孔裡的），清理鼻孔裡的分泌物與髒東西就可以了。生理食鹽水就是隱形眼鏡使用的那種即可，如果家裡沒有生理食鹽水，可以用一杯水加上半茶匙的鹽巴取代。不要怕滴食鹽水進去鼻孔裡，再怎麼說，這也比抽鼻涕用管子伸進鼻孔裡好太多了。

誤解三：鼻涕要常常擤出來，不可以吸回去。

事實：鼻涕擤出來，跟吸回去，結果是一樣的。吸回去的鼻涕，就算裡面有病毒，經過食道，就被胃酸殺死了。擤出來的病毒，還要擔心手部衛生沒有做好，傳染給別人。當然我知道吸鼻涕不是很有禮貌的動作，但是用力擤鼻涕，也會引發中耳炎，兩者雖各有利弊，我可以忍受沒有禮貌一點的，畢竟人不是天天都在感冒。

誤解四：黃鼻涕就要吃抗生素。

事實：首先必須了解一項重要的觀念：**抗生素只能殺細菌，不能殺病毒**。剛剛說過，感冒是病毒感染，因此，大部分的抗生素，都是錯誤使用的。注意喔！「黃鼻涕」絕不等於細菌感染，也不等於鼻竇炎。根據美國小兒科醫學會的指引，診斷鼻竇炎需要下列兩種狀況之一：1. 黃鼻涕十天以上，或者有鼻涕倒流造成咳嗽十天以上。2. 雖不符合上述第一點，但是有高燒三十九度，加上同時有黃鼻涕連續三天，以及孩子看起來很疲倦，三者皆成立。如果沒有按照這個標準診斷鼻竇炎，那麼猜錯的機率可能很高，抗生素也因此濫用了。

綜合以上，感冒時不一定要拍痰，不一定要抽鼻涕，不一定要擤鼻涕，也不需要吃抗生素，那該怎麼處理呢？答案是：多喝水，多休息。如果肯吃點藥就吃，不肯吃也無妨。觀察孩子的精神活動力、食慾，以及咳嗽鼻涕的頻率。如果有下列症狀，可能是有第二波的細菌感染，才需要看醫生：

1. 發燒超過三天。
2. 精神突然變差。
3. 呼吸開始變喘→可能已經變成肺炎。
4. 黃鼻涕超過十天→可能變成鼻竇炎。
5. 耳朵疼痛→可能變成中耳炎。

不管發生肺炎、鼻竇炎、或者中耳炎，都無法事先預防，所以也不用自責「是否太慢就醫」，或者「如果提早吃藥會不會比較好」，這些都是庸人自擾。如果發生細菌感染，好好治療就會痊癒，面對它就可以了。

黃醫師聊聊天

現代的家長實在太緊張，小孩稍微感冒就一直跑醫院。跑醫院本身是沒什麼不好，問題是有些家長會希望醫師幫孩子抽痰、開退燒藥、開抗生素；這些抽痰、拍痰、睡冰枕、強迫餵藥等等，無形中讓孩子多受了不少苦，本來感冒還沒那麼痛苦的，我看了很心疼。但有時苦口婆心勸導，還反遭白眼，無奈啊！

7 鼻竇炎

「鼻竇炎」這三個字，在台灣被誤用得一塌糊塗。

鼻竇炎的英文是sinusitis，也就是鼻竇有細菌侵入，導致發炎。鼻竇的「竇」，表示它是個腔室（窩）；而「鼻」字，表示鼻子都與這些腔室有互相交通。人的臉上有多少個鼻竇呢？看看〈圖4-2〉就知道，最主要的鼻竇上中下共有三對。

「黃鼻涕」絕對不等於鼻竇炎！任何的感冒都可能會造成黃鼻涕，過敏性鼻炎也會有黃鼻涕。根據美國小兒科醫學會的指引，診斷鼻竇炎必須有下列兩種狀況之一：

1. 黃鼻涕十天以上，或者有鼻涕倒流造成咳嗽十天以上。

2. 雖不符合上述第一點，但是有高燒三十九度，加上同時有黃鼻涕連續三天，加上孩子看起來

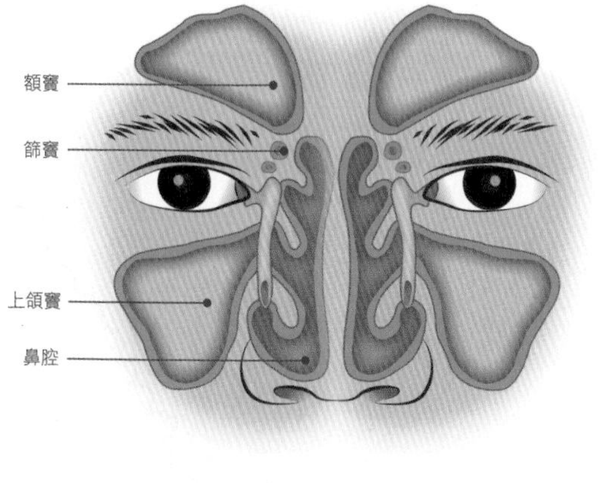

圖4-2鼻竇
人最主要的鼻竇上中下共有三對。

很疲倦，三者皆成立。

如果沒有按照這個標準診斷鼻竇炎，那麼猜錯的機率可能很高，抗生素也因此濫用了。有些醫生用燈照孩子的鼻孔，看起來很紅很腫，這樣診斷鼻竇炎是不可信賴的。

另外，用X光或電腦斷層診斷鼻竇炎也並不準確，因為根據一九八九年美國的格拉爾醫生（Dr. Glasier）發現，曾經在過去兩個星期有「感冒」的孩子，在電腦斷層下，他們的鼻竇全部都有異常的變化，一九九四年的格爾特尼醫生（Dr. Gwaltney）也證實了類似的結果。這表示，即使正常的孩子，他們的鼻竇攝影也可能是異常的，因此單靠影像診斷，根本就不準確。總之，除非臨床上符合鼻竇炎的診斷，需要影像檢查來輔助，否則X光也不需要照。

剛剛說過，鼻竇炎是有細菌跑進這個「腔室」裡面，所以要治好鼻竇炎，必須用抗生素殺死這些細菌，就可以緩解了。可惜的是，我們很難「挖」進鼻竇裡面檢驗細菌，因此大部分時候，使用哪一種抗生素，醫生都是用「猜」的。如果根據醫學會診療指引用藥，猜對的機率就很高，所以治療上應該是很順利，經過十到十四天的抗生素，病程就可以緩解了，我們稱此病為「急性鼻竇炎」。

另一方面，我常常聽到病人把「慢性鼻竇炎」掛在嘴上。如果醫生下「慢性鼻竇炎」

這個診斷，表示我們使用的抗生素用錯了。既然用錯，病人應該會很不舒服，症狀越來越嚴重，而醫生應該盡力找出原因（可能是其他細菌，甚至黴菌），殺死致病原才對。好多家長跟我說，他的孩子，或者他自己本身，得了「慢性鼻竇炎」，時好時壞，反覆使用抗生素。**事實上，「時好時壞」的鼻炎，大部分是過敏性鼻炎；過敏性鼻炎應該治療過敏，而不是用抗生素。**

總而言之，下次如果醫師告訴您孩子得了鼻竇炎，開立抗生素，記得翻翻我這篇文章。如果還不符合上述的診斷，可以跟醫師討論，可不可以等幾天，確定診斷鼻竇炎再吃抗生素？相信有學識有醫德的醫師，都會很樂意與病人合作的。

黃醫師聊聊天

其實反覆吃抗生素的邏輯本身就很奇怪。既然這些抗生素對這個細菌一點也沒效，為什麼抗生素每次用來用去總是那幾種呢？抗生素對人類是非常重要的藥物，但如果不是在專家的手裡使用，有時候會產生更多問題，例如產生抗藥性的細菌，使下次的治療更棘手，或是引發抗生素的過敏症。

8 扁桃腺化膿

不少媽媽們聽到我診斷孩子的扁桃腺有化膿時，都會倒抽一口涼氣，感覺好像得了很嚴重的病。別擔心！扁桃腺化膿並不可怕，容我跟各位介紹。

首先要知道的是，扁桃腺炎，或者扁桃腺化膿，並不等於細菌感染。細菌雖然的確會造成扁桃腺炎，畢竟是少數。事實上，小兒科病人若得了扁桃腺炎，只有十％的病人是細菌感染，其餘都是病毒感染，這是一般民眾時常誤解的部分。

哪些病毒會造成扁桃腺化膿呢？腺病毒、ＥＢ病毒、流感病毒、腸病毒、皰疹病毒等等都有可能！而細菌感染則是Ａ型鏈球菌為主。只有細菌感染的扁桃腺炎需要抗生素治療，病毒性的扁桃腺炎則只要減輕症狀的治療，待其自然痊癒即可。所以，分辨是不是細菌感染就變得非常重要。

Ａ型鏈球菌扁桃腺炎好犯五歲至十五歲之間的孩童，一般三歲以下的孩童遭受鏈球菌感染的機會相當

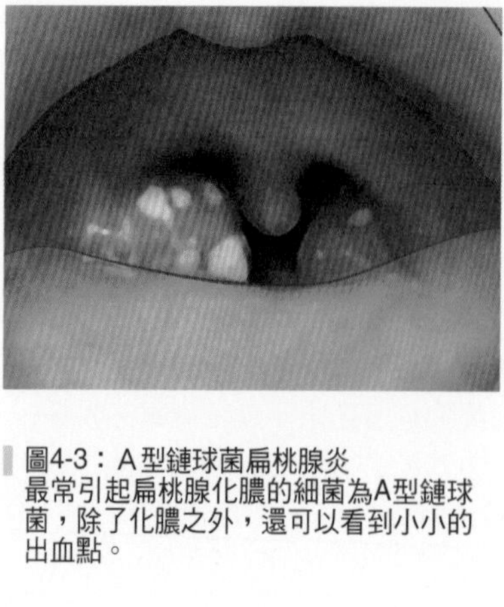

圖4-3：A型鏈球菌扁桃腺炎
最常引起扁桃腺化膿的細菌為A型鏈球菌，除了化膿之外，還可以看到小小的出血點。

低。如果您的孩子是三歲以下，幾乎都不需要抗生素治療扁桃腺炎。

另外，細菌感染會高燒、頭痛、畏寒、喉嚨疼痛，頸部淋巴結疼痛；而病毒性扁桃腺炎雖然也會高燒畏寒，但是比較不會喉嚨痛。還有一個重要的指標是，細菌感染的扁桃腺炎一般不會合併流鼻涕，也不會合併結膜炎。如果有扁桃腺化膿加上流鼻涕，大概是病毒所引起的。

所以下一次當醫生說您的孩子扁桃腺化膿時，千萬不要緊張。如果是三歲以上的孩子，做個簡單的A型鏈球菌快速檢驗，就可以知道是否為細菌感染；或者做喉嚨細菌培養也可以得到答案，不過培養結果需等待兩天以上的時間。只要不是細菌性扁桃腺炎，就不須使用抗生素；隨便使用抗生素不但對孩子沒有任何幫助，也徒增抗藥性與餵藥困擾！

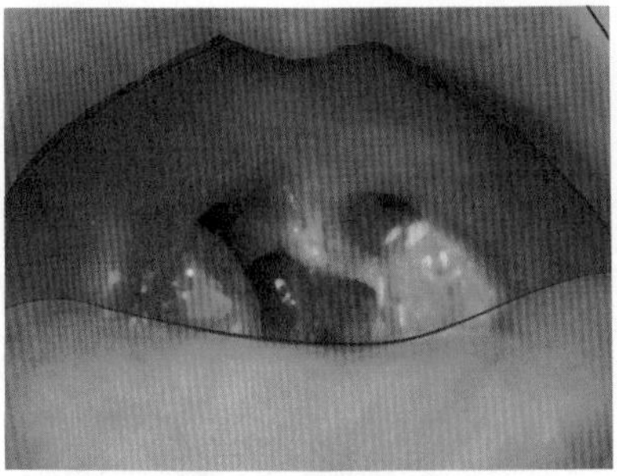

圖4-4：病毒性扁桃腺炎
90%的兒童扁桃腺化膿還是以病毒感染為主，喉嚨比較不會痛，也不需要抗生素。

9 中耳炎

網路上有媽媽們在討論急性中耳炎，我發現有很多觀念並不正確。在這裡提供一些有醫學根據的衛教知識供讀者參考。不過，以下的建議都是針對急性中耳炎，至於慢性中耳炎或者長期中耳積水不在這篇文章的討論範圍內。

耳朵痛就一定是中耳炎嗎？錯。耳朵痛有太多的原因，可能是外耳炎，也可能只是因為發燒，有些孩子發燒就會耳朵痛，但不見得都是中耳炎。中耳炎顧名思義就是中耳腔發炎化膿，然而，中耳腔在哪裡呢？請看下面的〈圖4-5〉：

從圖中可以看到，中耳腔是在耳膜的裡面，往內有個咽鼓管（或稱歐氏管—耳咽管）

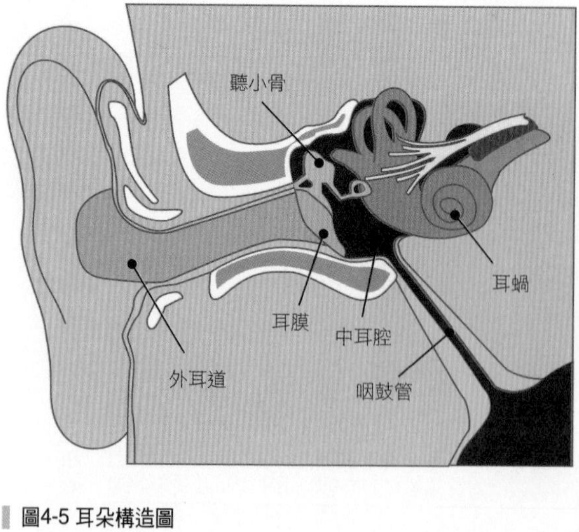

圖4-5 耳朵構造圖

通往我們的口腔與鼻咽。中耳炎的定義就是有細菌或病毒跑到這個中耳腔造成發炎，從這張圖您可以看出細菌從哪兒來的嗎？答對了！就是從鼻咽與口腔，游經咽鼓管，進到中耳腔，進而感染的。因此：

事實一：中耳炎常常發生在感冒之後。

事實二：中耳炎不會因為耳朵浸水，或者耳屎沒掏乾淨而引起。外面來的髒東西，都會被耳膜擋住，不會進入中耳腔，也不會引起中耳炎。

中耳炎是不是很少見呢？答案為否。七五％的孩子在一生當中都曾經有過中耳炎，其中有二五％會反覆的感染。五％～十％的孩子會因為中耳積膿壓力太大，造成耳膜破掉，膿就從耳朵流出來，把爸媽嚇一大跳。但是請不要擔心，破掉的耳膜經過一週就會漸漸癒合。大部分的中耳炎病患都是八歲以下，再大一點的孩子以至於成人，因為咽鼓管比較粗，功能比較好，就比較不會讓細菌跑到中耳腔了。

急性中耳炎怎麼診斷呢？中耳炎的診斷絕對不是「耳膜比較紅」就是發炎。事實上孩子哭鬧耳膜也會紅，清完耳屎後引起耳道的刺激也會紅，發燒耳膜更會紅；還有更誇張的，根據美國家庭醫學雜誌（AAFP）二〇〇〇年的報告，有三分之一的醫生已經兩年沒換耳鏡的燈泡，有二分之一的醫生使用的耳鏡已經沒電了——燈泡不亮更是使耳膜看起來很紅的原因之一！美國小兒科醫學會在二〇〇四年五月的急性中耳炎診療指引指出，急性中耳炎的診斷需要符合三項條件（全部符合）：

1. 急性發作（如突然發燒，或突然疼痛）。
2. 醫生用耳鏡有看到中耳腔裡有積液。
3. 有中耳發炎症狀（如疼痛，或者醫生看到耳膜泛紅鼓脹）。

典型的急性中耳炎就是感冒過後孩子突然發燒，或突然耳朵痛，由醫生用耳鏡看到中耳化膿確定診斷。較小的幼兒不會說耳朵痛，會用哭鬧表現，或不斷的用手拉扯或摩擦有問題的耳朵。很多情況下，醫師只符合第一和第三項就認為是中耳炎，因此造成過度診斷。

事實三：中耳炎並不是都會發燒。

事實四：很多中耳炎都是過度診斷的。若是每個醫生認為中耳炎都要用抗生素，將會有非常多的孩子得到不必要的治療（與增加細菌抗藥性）。

急性中耳炎很嚴重嗎？常常看到網路的文章寫著會耳聾，會聽力喪失，會影響語言學習發展，會腦膿瘍……為人父母看了都很害怕，其實不要被誤導了。誠如我剛剛所說的，七五%的孩子都曾經中耳炎，請問您身邊有七五%的孩子是聽力喪失嗎？有七五%的孩子腦膿瘍嗎？完全沒有。只是在這二十一世紀，我們有很好的抗生素，如果孩子中耳炎會很疼痛，用藥就不會讓孩子受苦，如此而已。美國兒科醫學會，與家庭醫學會有了下列共同的治療準則：

1. 兩歲以下的孩子，若被診斷中耳炎，直接使用抗生素治療十天。

2. 兩歲以上的孩子，先用止痛藥（Acetaminophen或Ibuprofen），觀察四十八至七十二小時，很多孩子的中耳炎自然就痊癒了。如果症狀持續沒有改善，才使用抗生素五至七天。這樣做不是為了折磨孩子，而是要避免過度診斷，減少抗生素的濫用，讓將來台灣的細菌不要太毒。

有些醫生會很快的建議您的孩子做鼓膜切開術，然而鼓膜切開術並不比抗生素治療效果好。除非已經抗生素治療失敗，我們才會建議做鼓膜切開術。另外，腺樣體和扁桃腺摘除術只對慢性中耳積水有幫助，對於急性的中耳炎並沒有效果。

事實五：對於急性中耳炎而言，抗生素治療可以等兩三天再決定使用。

事實六：鼓膜切開術，腺樣體摘除術，和扁桃腺摘除術皆不比抗生素治療效果好。

我常被問到的問題包括：得過中耳炎的孩子可以游泳嗎？答案是不一定。若是您的孩子耳膜沒有破，也沒有放中耳導水管，那麼是可以游泳的。得過中耳炎的孩子可以坐飛機嗎？答案是可以的。教您的孩子在飛機下降的時候，喝水、嚼口香糖，或吸奶嘴，幫助中耳腔減壓。中耳炎會傳染嗎？答案是不會。

如何預防孩子中耳炎呢？如果您的孩子反覆的中耳炎發作，可能要為您的孩子生活習慣作一些改變，預防他反覆生病：

1. 不要吸二手菸。二手菸的環境是中耳炎反覆發作的溫床，家裡有人抽菸的話請務必戒菸。

2. 減少感冒的機會。我知道說的容易，做起來很困難。除了均衡飲食與睡眠可增加抵抗力之外，孩子若反覆中耳炎發作，恐怕不適合再去托嬰中心或幼稚園。這些地方因為孩子感冒傳來傳去，會讓您的小孩發作好幾次。

3. 一歲之前餵母乳可以減少中耳炎的機率。

4. 躺著用奶瓶餵奶，容易中耳炎。要有個四十五度的角度餵奶才正確。

5. 控制您孩子的過敏性鼻炎，不要讓孩子天天都在流鼻涕。

黃醫師聊聊天

耳屎跟中耳炎沒有關係。小朋友其實不需要幫他們掏耳屎，掏耳屎除了增加耳道受傷與外耳感染的機率之外，沒有任何好處。有些媽媽用棉花棒掏耳屎，結果耳屎反而越推越裡面，最後就堵住了。耳屎如果不加以清理，假以時日，自己就會掉出來，不用擔心！

6.台灣很多媽媽教導孩子「用力把鼻涕擤出來」。這樣的結果造成正壓把鼻涕衝往中耳腔，反而增加中耳炎的機率。孩子用吸鼻子的方式處理鼻涕雖然不禮貌又難聽，卻是造成中耳腔的負壓，不會流入鼻涕。折衷的方式是，睜一隻眼閉一隻眼，如果真的要清孩子的鼻涕，輕輕擤就可以了。

10 流鼻血

小朋友流鼻血是很常見的問題，可是大部分家長卻不是很清楚該怎麼處理。

鼻黏膜太乾燥，此時如果小朋友揉鼻子，挖鼻孔，或者擤鼻涕，微血管就會破裂，變成流鼻血。究竟微血管最脆弱的部分是哪裡呢？就是我們鼻中隔前端的兩側。

所以處理流鼻血很簡單，三個步驟：身體坐直，頭往前，鼻子捏緊。

首先讓孩子身體坐直，頭往前，不要躺著；坐著可以讓鼻子位置比心臟高，降低血流壓力。頭往前傾鼻血才不會一直往食道流，而鼻血吞進肚子裡有時候會噁心嘔吐，如果孩子能配合，請他把喉嚨裡的鼻血從嘴巴吐掉。

再來，把鼻子「前端軟骨的部位」用力捏緊止血，

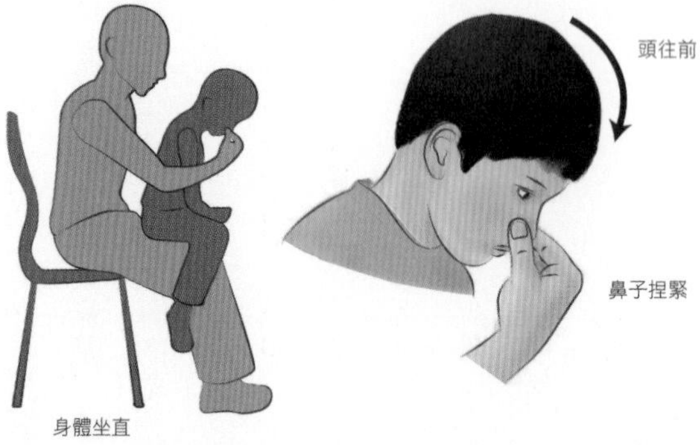

圖4-6：流鼻血的處理法——身體坐直，頭往前，鼻子捏緊

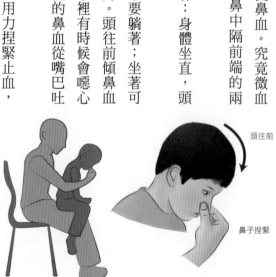

至少十分鐘，用嘴巴呼吸。前述圖示應該很清楚，大部分流血的位置都是在鼻中隔前端的兩側，所以加壓止血當然應該壓這裡，而不是別的地方。很多人捏鼻子都捏錯位置，最常見的錯誤是捏在鼻骨硬的部位，那就一點效果也沒有了。如果捏了十分鐘，放開還是繼續流血的話，可以用小紗布沾凡士林，輕輕放入鼻孔，再壓十分鐘，壓完不要馬上取出，等一陣子再拿出來。萬一還是流血，那就去醫院掛急診，用局部血管收縮劑止血。

要怎麼避免孩子反覆的流鼻血呢？因為過敏性鼻炎的孩子很常流鼻血，所以第一要務就是把過敏性鼻炎控制好（請見〈三大過敏症〉）。除此之外，增加室內的濕度也可以減少流鼻血的機會；有些人冷氣開一整天，導致空氣非常乾燥，就很容易流鼻血，此時可以加裝一台潮濕蒸氣，讓室內濕度不致太低。還有一個妙法，就是起床與睡前，一天兩次，用凡士林塗抹鼻孔內側，這樣可以有效防止鼻黏膜損傷與出血。最後一招就是，晚上睡覺時，讓孩子戴著手套，防止他睡夢中不自覺的用手指頭揉鼻子，進而減少流鼻血的機會。

送醫的時機

如果您的孩子經過上述預防仍反覆發作，加上其他出血的傾向（如牙齦流血），就應該到醫院檢查一下是否有凝血的問題。

11 哮吼

「醫師，我的孩子發高燒，聲音沙啞，咳嗽聲像狗吠，怎麼會這樣？」這就是典型的哮吼症症狀。

每個病毒都有它喜歡的「窩」；腸病毒喜歡喉嚨，輪狀病毒喜歡腸胃道，而「副流感病毒」，則喜歡我們的喉頭，也就是聲帶的部位。當這個病毒感染到喉頭時，聲帶附近就會水腫，造成聲音沙啞，咳嗽聲低音沈重，好像老人咳，又像狗吠，所以命名為「哮吼」症。哮吼通常在晚上會特別大聲，可能反反覆覆三到五天，然後才會漸漸緩解。

碰到哮吼要怎麼處理呢？最重要的步驟，就是濕潤孩子的喉頭。可以把浴室開熱水，弄得水氣瀰漫，然後抱著孩子進去吸蒸氣，大概十分鐘左右就可以了，一天可以弄個四五次。如果家裡有氣霧機，也可以加點溫水蒸喉嚨。冷氣房裡濕度要增高一點，作法是把幾條毛巾沾濕，掛在孩子的房間，來增加空氣中濕度。家裡如果有人抽菸，一定要出去外面，不要讓喉頭再度受到刺激。至於一般的感冒藥，大概都不是很有效果。

當然，除了副流感病毒以外，也有其他的病毒會感染到喉頭的地方，也一樣會造成哮吼；甚至細菌也會侵入，叫做「細菌性氣管炎」。所以，在少數的狀況下，哮吼也是可以很嚴重，甚至會致命的。

送醫的時機

1. 孩子呼吸困難，喘氣劇烈。
2. 孩子開始流口水，吞嚥困難。
3. 孩子精神開始不佳。
4. 已經超過三天了，哮吼聲音還是很大聲。

12 嘔吐

小孩突然腹痛嘔吐，該怎麼辦？輪狀病毒、諾羅病毒、腸胃型感冒，這些常常聽到醫生告訴您的名詞，又是什麼呢？這裡由我來為您解開疑惑。

嘔吐的原因

1. 大部分突然嘔吐的小朋友都是因為「病毒性腸胃炎」所引起，或者有人喜歡稱之為「腸胃型感冒」。
2. 其他疾病如食物中毒、腦膜炎、阻塞性腸炎，以及很多不同的病都會引起嘔吐，只是比較少見。

什麼是病毒性腸胃炎？

1. 病毒侵犯到喉嚨我們稱之為感冒，病毒侵犯到腸胃道就稱之病毒性腸胃炎。
2. 有幾種病毒特別喜歡感染腸胃道：輪狀病毒、諾羅病毒（norovirus）、腺病毒40與41型等等。很多人以為腸病毒也會腸胃炎，其實是誤會。

3. 得到這些病毒的原因是摸到別人的病毒然後放到嘴巴，是傳染而來，不見得是吃壞東西。飛沫傳染也可能發生。
4. 病毒感染並沒有特效藥，等到自身的抗體產生後病情自然會好轉。

病毒性腸胃炎的症狀

1. 嘔吐常常是最開始的表現，有時會伴隨一陣一陣的腹痛。
2. 孩子一吃就吐，喝水也吐，讓家長不知所措。
3. 嘔吐的症狀會持續六至二十四小時不等，隨個人體質與感染的病毒種類不同而定。
4. 嘔吐期過後，有些孩子會開始拉肚子，或伴隨輕微發燒。

如何照顧病毒性腸胃炎的孩子

一歲以下的幼兒：
1. 吃配方奶的孩子，先停掉喝奶，改以電解水餵食八小時。電解水在藥房均可買到。
2. 電解水每次一茶匙，每十分鐘給一小口。這樣少量多次餵食的目的是不要讓病童的胃負擔太大。

3.吃母乳的孩子則可繼續餵母乳，減量、多次，每半小時哺餵四至五分鐘。

4.如果連續四小時都沒有吐，就可以開始增加餵食量。

5.若連續八小時沒有吐，就可以回到正常的奶量。有在吃副食品的孩子也可以開始吃些清淡的食物（見後述）。

一歲以上的孩童：

1.每十分鐘給一湯匙的白開水，少量多次。不要吃固體食物。

2.如果依然吐得太厲害，先禁食不喝水一小時，休息過後再少量多次給水。讓孩子去睡覺是不錯的休息方法。

3.如果連續四小時都沒有吐，可以開始增加喝水量。

4.八小時都沒有吐，則可以開始吃些清淡的食物：稀飯（可搭配少許海苔醬、醬瓜汁）、白飯、白饅頭、白吐司、蘇打餅乾、米湯、白麵條、馬鈴薯，水果可吃蘋果或香蕉泥。我比較推薦米湯、稀飯、微烤的吐司這三種。

5.上述清淡飲食要持續一到兩天，才可以恢復正常飲食。

常見的錯誤觀念

1. 才吐個兩三次就擔心孩子脫水：不會，尤其一歲以上的孩子，要脫水不容易。
2. 孩子吐了以後又強灌孩子喝大量的水：這樣做一定會再吐。
3. 認為打了止吐針，或塞了止吐塞劑，或吃了止吐藥，就不會再吐：這是錯誤的期待，照顧孩子還是要遵照上述少量多餐原則。

送醫的時機

1. 真的有脫水的跡象：眼眶凹陷，八小時都沒有尿尿，身體虛弱。
2. 嘔吐物裡有血。
3. 腹痛持續四小時沒有改善。
4. 根本不像腸胃炎：精神不濟、叫不醒、活動力差、抽搐，有上述狀況盡速帶至醫院治療。
5. 若孩子超過二十四小時依然無法進食，或嘔吐症狀持續惡化，建議帶至醫院評估是否須打點滴以防脫水。

13 細支氣管炎

小兒科病房住院最多的疾病，非「細支氣管炎」莫屬了。

細支氣管炎這個診斷只適用於兩歲以下的嬰兒，發病的原因也像一般感冒一樣，屬於病毒性感染。既然像是感冒一般，為什麼特別稱之為「細支氣管炎」呢？原因是如果感冒發生在大人身上，氣管很粗、很硬，雖然有痰與分泌物，稍微咳嗽就可以把痰咳出來了。然而小嬰兒的氣管發育還未成熟，又細又軟，稍微有一點分泌物，很容易就卡痰，寶寶因此會咳嗽咳得很劇烈。再加上這些細支氣管在水腫的狀況下，管徑又更細了，肺部的空氣吹過，就會發出「咻～咻～」的喘鳴聲，這就是典型的「嬰兒細支氣管炎」症狀。

剛剛說細支氣管炎屬於病毒感染的疾病，其中最惡名昭彰的病毒就是「呼吸道融合病毒」（ＲＳＶ）。大約有一半的嬰兒細支氣管炎是這隻ＲＳＶ病毒所造成的，而且ＲＳＶ的細支氣管炎症狀比其他病毒感染都嚴重得多。ＲＳＶ感染之後，寶寶會哮喘，會咳嗽，最嚴重約在感染後二到三天，喘鳴聲可以持續到一個禮拜。之後病情漸漸緩解，從頭到尾大概需要兩週才會完全痊癒。生病的過程中，大約二〇％的寶寶會併發中耳炎，但是很少會併發肺炎。比較遺憾的是，若感染ＲＳＶ細支氣管炎時有明顯哮喘的嬰兒，約三分之一的人將來會有過敏性氣喘的毛病。

細支氣管炎的居家照護最重要的就是水分的補充。因為支氣管的黏痰需要稀釋之後寶寶才容易咳出，所以要讓孩子多喝溫開水，或者任何其他飲品（如母乳，溫檸檬汁等等），最好攝取比平常更多的水分。家裡如果開冷氣，要用多條濕毛巾掛在房間裡，讓空氣中的濕度上升，氣管才不會太乾燥。其他兒童專用的化痰藥也都有幫助。

什麼時候細支氣管炎的孩子要住院？第一，吃不好；第二，睡不好；第三，發高燒；第四，喘得很費力。剛剛提到水分的補充對細支氣管炎的孩子很重要，但萬一孩子生病不舒服就不吃不喝，這不只會加劇疾病本身症狀，還有脫水的危險。如果一兩天寶寶都不吃不喝，來醫院點滴掛上去，警報就解除了。另外，寶寶因為痰太多咳嗽不停，根本不能睡覺，那麼來醫院睡在氧氣帳裡，可以緩解症狀，讓寶寶睡得好一點。但不管是吊點滴，或者是睡氧氣帳，都是只能「幫助孩子度過最難受的幾天」，並不能縮短病程，整體還是要約兩週過後才會完全痊癒。至於發高燒或費力喘，則是嚴重感染的危險徵兆，必須住院觀察。

最後提醒爸媽，住院時，如果寶寶「吃得很好」，只是咳嗽哮喘較嚴重，可以只睡氧氣帳，未必要打點滴。住院非買套餐，應該「單點」才對，有什麼症狀才給什麼治療。

14 肺炎

在台灣，大部分的肺炎病童都會被收住院治療，所以家長們只能等待醫生告訴您「可以出院了」，才會平平安安的回家。不過，可能很多人不知道，其實肺炎不見得如大家想像的嚴重。

誤解一：肺炎都很嚴重。

事實上：肺炎分為兩種：「細菌性肺炎」，與「非典型肺炎」。「細菌性肺炎」是很嚴重，也有致命之虞，但是「非典型肺炎」則大部分輕微，而且自己可以痊癒。在兒童的病例，非典型肺炎約佔八〇%，細菌性肺炎只佔約二〇%。這一群非典型肺炎包括各種病毒（流感病毒、RSV等等），以及兩種特別的病原體（黴漿菌與披衣菌）。

一般家長很難辨別孩子得到的是細菌性肺炎還是非典型肺炎，老實說，連醫生都不容易分辨。看到胸部X光大大的一片肺炎，任哪一個醫生都很難一口咬定是哪一種細菌，或是哪一種病毒。對我而言，有兩個參考的指標：第一個就是孩子的精神活動力；如果孩子精神良好，活動力佳，那麼診斷可能是非典型肺炎，若真的很不方便住院治療的話，可以

「考慮」回家吃藥觀察。第二個指標是抽血的報告，如果白血球不高，發炎指數很低，也可以「考慮」吃藥觀察。為什麼不敢下保證呢？原因是就算非典型的肺炎，也是有少數的病例是會很嚴重的，比如說SARS，或流感病毒引起的肺炎，就是兩個糟糕的例子。

非典型肺炎吃什麼藥？如果是病毒感染，那只有症狀治療，多喝水，多休息，注意精神活動力就可以了。剛剛提到的黴漿菌與披衣菌，則有「紅黴素」類的藥物可以口服。至於細菌性肺炎最好住院治療。

誤解二：感冒拖太久會變成肺炎。

事實上：感冒是否會變成肺炎，與時間長短並無關係。肺炎的發生，必須有兩個巴掌才拍得響：病人當時的免疫力，以及屬於何種致病原。簡單來說，肺炎的發生，就是在一個不巧的時間點（免疫力正差），碰到了一個不速之客（惡性的病毒或細菌），然後就發生了。所以不要因為得了一次肺炎，就整天擔心會得第二次、第三次，一感冒就急急忙忙住院，這些都是不必要的憂慮。

誤解三：提早使用抗生素，或者感冒提早吃藥，就不會變成肺炎。

事實上：感冒時濫用口服抗生素，已經證實無法預防肺炎的發生；至於其他感冒藥都是症狀治療，對肺炎的發生也無預防之效果。如果亂吃劑量不足的抗生素，反而會養出具有抗藥性的細菌，不幸發生肺炎時，反而更難治療！

肺炎的診斷，必須有胸部X光為佐證。但是除非醫師懷疑肺炎，否則千萬不要動不動就要求給孩子照X光。一個幼兒一年病毒感染可能高達十次以上，每次都照X光，放射線的暴露一定會過量，反而得不償失。找一位能與您討論病情的醫師，然後配合治療，大部分的肺炎都會痊癒的。

15 腹瀉

孩子腹瀉怎麼照顧？我想不只是孩子，即使大人腹瀉起來也是很難受。這裡給大家一些指引與幫助。

腹瀉的原因

1. 大部分的腹瀉都是病毒性感染所引起。
2. 小部分是細菌性（包括食物中毒）或寄生蟲感染的腸胃炎。
3. 嬰幼兒餵母乳若一天便便好幾次大多是正常的。
4. 嬰幼兒如果不是餵母乳，而有腹瀉，可能是牛奶蛋白過敏。
5. 其他少見的腹瀉原因：先天性巨結腸症等等。

病毒性的腸胃炎以輪狀病毒、諾羅病毒（Norovirus）居多；而細菌性的腸胃炎常見的菌種則是沙門氏菌（Salmonella spp.）、彎曲桿菌（Campylobacter），與產氣單胞菌屬（Aeromonas spp.）等等。通常病毒性腸胃炎糞便比較稀、黃、水；而細菌性腸胃炎則是黏、臭、綠，有血絲。不過這些都是經驗談，並非百分之百準確。

腹瀉的居家照顧

不管是細菌性或者是病毒性的腸胃炎，治療都是以支持療法為主，也就是以「幫助孩子度過生病的日子」為主要目標，而不是投予抗生素或者某種神奇的藥物治療。所謂支持療法的意思是，不要讓孩子在腹瀉當中脫水，這是我們最主要的目的。隨著不同年齡，照顧的方式也不大相同。

嬰幼兒（喝母乳）：

1. 喝母乳的嬰兒大便糊糊的，甚至黃黃的，一天不管幾次都是正常的。有幾個不正常的跡象：大便有血，大便有黏液，大便很臭且造成尿布疹、食慾減退、體重減輕、精神不佳、發燒。如果有以上症狀才需要就醫。
2. 餵母乳的母親少喝刺激性的飲料（如可樂、咖啡、茶）可以減少嬰兒的稀便。
3. 如果真的是腸胃炎，不要停母乳，繼續餵食（不減量）。若小便量減少表示吃不夠，可以加奶量，或補充電解水。

嬰幼兒（喝配方奶）：

1.停止喝配方奶。

2.喝六到二十四小時的電解水。原則上小寶寶能喝多少就喝多少，不需要限制。

3.若是三更半夜買不到電解水，可以用米湯加鹽巴代替（作法：半杯米湯，加兩杯水，再加四分之一匙的鹽巴）。

4.經過六到二十四小時的電解水餵食，如果孩子腹瀉減少，就可換回配方奶。

5.如果連續拉肚子兩天以上，請改吃無乳糖的奶粉。

6.使用無乳糖奶粉後仍腹瀉的話，第一天可以用一半的濃度（半奶），但記得第二天就要恢復原來的濃度。

7.使用無乳糖奶粉直到腹瀉停止三天後，才可換回原來的奶粉。

8.如果您的孩子已經在吃副食品，可以吃以澱粉質為主的食物：米湯、稀飯、白飯、白饅頭、微烤的吐司、蘇打餅乾、白麵條、馬鈴薯，水果可吃蘋果或綠色的生香蕉泥。

大孩子（一歲以上）：

1.改吃以澱粉質為主的食物：稀飯（可搭配少許海苔醬、醬瓜汁）、白飯、白饅頭、微烤的吐司、蘇打餅乾、米湯、白麵條、馬鈴薯，水果可吃蘋果或綠色的生香蕉泥。

2.上述澱粉質飲食要持續到沒有腹瀉後一到兩天，才可以恢復正常飲食。

3.不要吃蔬菜以及其他水果、蛋類、豆類、油脂類等等食物。

4.補充水分很重要，喝白開水或電解水（藥房有賣），不須限量。

5.不要喝運動飲料或果汁、牛奶（便利商店有賣的都不適合）；這些飲品會讓您的孩子拉得更嚴重。

6.若有止瀉藥可以配合著吃，然而藥物只是輔助，食物控制才是重點。有些較強的藥物要在醫生指示下服用，切勿自做主張。

常見的錯誤觀念

1.運動飲料補充電解質：錯誤！運動飲料的糖分太高，電解質又太少，這些糖分會讓孩子腹瀉更厲害，而且得不到足夠的電解質。使用市售的電解水或者上述鹽巴米湯才是正確的。

2.喝六到二十四小時的電解水，都沒有養分，孩子會營養不良：錯誤！孩子不會因為這一小段時間就營養不良。

3.既然這樣，那電解水就喝久一點，或者一直喝半奶：危險！超過一天繼續給熱量不足的電解水或半奶，會讓孩子逐漸失去能量，那就真的會營養不良！請喝足夠濃度的無乳糖配方奶，或者母乳。

4.一喝就拉，一吃就拉，那喝少一點好了：危險！一喝就拉或一吃就拉，這是腸胃的反射動作。腹瀉時水分養分流失，更要補充足量的液體，甚至比平常更高量。不管是電解水或無乳糖奶，都應該喝到足量！如果拉肚子嚴重到有尿布疹，請擦氧化鋅（ZnO）藥膏或凡士林，每次換尿布就擦，擦越厚越好，不要只擦薄薄一層。

5.止瀉藥都沒有用，換一個強一點的：危險！小兒止瀉用藥本來就應該比較溫和，況且沒有任何一種神藥可以「完全」停止腹瀉。有些成人的藥給孩子吃，雖然馬上止瀉，然而過不久之後嬰兒腹脹如球，痛不欲生，哭鬧不休，何苦來哉！

預防腹瀉

腸胃炎幾乎都是糞口傳染，上廁所沒洗手，摸了門把或水龍頭，其他人又再去摸，就被感染了。病毒性腸胃炎也可以飛沫傳染，真的是防不勝防。然而，洗手永遠是防止感染性腸胃炎傳播的主要方法，不論是上完廁所，或是幫孩子換完尿布後，都應該要確實的洗手。

至於細菌性腸胃炎有時候來自不乾淨的水、未煮熟的食物（雞肉、蛋殼……），因此不要喝山泉水，也不要喝地下水，不管什麼水應該都要煮過，熟食是最好的保護，生食永遠有潛在的危險。

黃醫師聊聊天

有時候媽媽在廚房處理未烹調的雞肉，或是雞蛋，寶寶一哭，忘記洗手，就處理小孩的食物，因而讓寶寶暴露在細菌當中，這是常見的衛生漏洞。

另外，偏綠色的生香蕉有助於止瀉，但熟透的香蕉，卻是幫助排便，這兩者功能各有不同，家長要辨明之。

送醫的時機

1. 經過上述的照顧兩天失敗。
2. 您的孩子糞便有血絲。有血絲可能是細菌性腸胃炎，在幼兒也可能是腸套疊的表徵，總之此時應該就醫，由醫師判斷嚴重度。
3. 您的孩子有脫水跡象。脫水的症狀為：眼眶凹陷，八小時都沒有尿尿，精神不佳。
4. 活動力減弱，尤其是三歲以下的幼童。
4. 您的孩子腹瀉合併發燒已經兩天。
5. 慢性腹瀉達兩週以上。

16 便祕

不知道為什麼，小孩便祕竟然成了現代的文明病。很多媽媽愁眉苦臉地帶孩子來門診，就是為了解決孩子大便很硬，大便會哭，大便會出血等等問題。

首先媽媽要知道的是：什麼是真正的便祕？第一，大便會痛，會哭，甚至流血；第二，糞便太硬，用力擠十分鐘以上還是出不來；第三，超過三天才大一次便，而且很硬。

有這些症狀其中一項，才是真正符合便祕的診斷。

什麼不是真正的便祕？第一，喝母乳的寶寶超過三天大一次便，甚至七八天大一次，只要是軟便，都不算便祕。第二，糞便雖然很粗，量很多，但是寶寶用力擠就可以擠出來，不哭不鬧，只是臉紅脖子粗，這種都是正常體質，不算便祕。

如果您的寶寶有便祕的問題，請認真的配合我下面的作法，大部分的孩子都能改善的。

六個月之前的寶寶

1. 如果可以餵母乳，就盡量餵，喝配方奶比較會便祕。

2. 如果已經喝配方奶了，也沒有母乳可用，可以在正常的餵食以外，給寶寶喝一些水（一天約六十至一百二十毫升）。注意，這些水不要和正餐一起餵食，最好是分開給比較好，才不會影響熱量攝取。

3. 如果超過兩天沒有大便，可以用肛門溫度計（肛表）抹凡士林刺激肛門口。

六個月以上的寶寶

1. 快點把奶量慢慢減少，開始給副食品。牛奶是便祕的元兇，能少則少。

2. 副食品每天至少兩次，必須含有纖維素高的水果泥、蔬菜泥。蔬菜量要夠多，不可以只有一小片菜葉而已，至少要二十克以上。蔬菜要用果汁機打爛，避免纖維太粗打不爛的菜梗。至於水果，纖維質高的包括柳橙、木瓜、水梨、葡萄、李子、桃子等等。至於芭樂、蘋果與香蕉（熟透的香蕉除外），皆幫助不大。

3. 副食品的稀飯或米糊，請改用糙米來熬。

4. 副食品裡要加一點油（牛油、豬油皆可）。

一歲以上的孩子

1.基本上可以不用喝奶了。另外優格、優酪乳、牙牙餅、零食，通通都停掉。

2.吃糙米。糙米是最好的「益生質」；很多媽媽只吃益生菌，卻不知道沒有益生質，益生菌很快就死光光了，根本沒有效果。

3.更大的孩子可以吃全麥麵包、高纖餅乾等等富含益生質的食物。四歲以上的孩子可以吃爆米花（但不可以把咖啡色硬硬的殼吐掉，那才是最重要的部分）。

4.確定孩子每天都有吃足量的蔬菜與水果，請注意「足量」。高纖的水果請看上面所述。如果能吃皮的水果，盡量連皮吃。

5.果汁可以喝黑棗汁。其他果汁如柳橙汁，都不是很有效，除非把纖維打進去。

6.多喝水。另外，這個年紀以上的孩子可以喝蜂蜜水。

7.食品裡要加一點油（牛油、豬油皆可）。

至於軟便劑，只是急性期用來緩解便祕的症狀，暫時吃一陣子，同時依上述建議改變飲食，之後就不應該再一直吃藥了。較大的孩子如果正在訓練上廁所，必須規定他們每天都要排便。益生菌雖然有幫助，但是要配合益生質（糙米、全麥製品）的攝取，光靠益生菌可能效果不佳。其他什麼牛奶泡濃、泡稀、換奶粉品牌、吃中藥等等作法，皆不建議。
持之以恆，相信能讓您有個排便順暢的寶寶！

17 泌尿道感染

成人會有泌尿道感染，嬰幼兒也會有泌尿道感染。大人或學齡兒童的泌尿道感染，多半是憋尿又少喝水所引起的，然而，嬰幼兒的泌尿道感染則不一樣。很多家長聽到寶寶得到「泌尿道感染」都很驚訝，總是會問：「小寶寶也會得泌尿道感染喔？」答案是會，而且還不少。

嬰幼兒泌尿道感染在一歲以下，以男嬰居多，一歲以上則是女童為主。正常尿道口就有一些細菌存留，這些細菌大部分來自腸胃道（就是糞便）。因為嬰幼兒的尿道比較短，所以這些細菌很容易就會往上游泳到膀胱裡面，如果沒有即時排出，黏上了膀胱壁造成發炎，就是「泌尿道感染」的開始。如果只是膀胱發炎，我們稱之為「下」泌尿道感染；如果細菌繼續往上游，侵犯到腎臟，我們就叫做「上」泌尿道感染，或者稱之為「急性腎盂腎炎」。

一般怎麼發現寶寶有泌尿道感染呢？通常就是孩子「高燒不退」，卻又不明原因，沒有其他症狀，帶到醫院檢驗小便，才發現的。年紀較大會表達不舒服的孩童，則可以表達三個症狀：頻尿、尿急、尿尿會痛。到了醫院，醫師認為可能是泌尿道感染的話，大小孩可以自行留取「中段尿」，送去檢驗。所謂中段尿，就是剛開始尿的不要接，過一、兩秒之後再用杯子去接，尾段的尿也不要留。至於小嬰兒該怎麼留尿呢？就是買個嬰兒專用「尿液留置袋」貼在尿道口，三不五時檢查一下小嬰兒尿了沒有，有尿就把留尿袋拆下來送檢即可。通常這部分會有護理人員協助家長處理。

初步檢驗的小便，是要看看尿液裡有沒有白血球。為什麼是檢驗尿裡的白血球呢？簡單來說，就像是有強盜的地方就會有警察一樣，通常有細菌的地方，白血球就會跑來。如果小便裡的白血球數目超過正常值，我們就會「強烈懷疑」病人得了泌尿道感染。

注意喔！這樣的初步檢驗並非百分之百準確，事實上，準確度大概只有八〇%；也就是說，即使檢查正常，也有二〇%可能是泌尿道感染，而即使檢查是異常，也有二〇%是虛驚一場。所以，臨床的診斷與醫師的經驗，這時候就很重要了。

不同於大部分的兒童感染症，泌尿道感染幾乎都是細菌感染，也就是需要抗生素治療。但是在使用抗生素之前，一定要先確定有細菌，而且要抓到是哪一種細菌，這樣用藥才會準確。

正如我上一段提到，有些尿液檢查並不是很準確，要更確認診斷，就必須做尿液培養，才能百分之百的確認。尿液培養就不能隨便貼個尿液留置袋，因為這樣可能會採檢到皮膚上的細菌，就不準確了。所以，嬰幼兒的尿液培養，有兩種作法，一是用經皮膚穿刺，一是用導尿管單次導尿。至於自己會尿尿的小孩，同樣留中段尿培養就可以了，但是要留兩套以上才準確，不可以只留一套。

爸爸媽媽聽到經皮膚穿刺，或是導尿管，都嚇呆了。別擔心，技術好的醫師，經皮膚穿刺進膀胱取尿，十秒內就解決了；而導尿管導尿也是三十秒內可以解決，其他時間都是在消毒，其實沒有真的那麼痛，或者那麼恐怖啦！

經過尿液培養的步驟之後，就可以開始使用抗生素了。因為培養細菌需要三天的時間，所以前三天的抗生素是經驗性療法，也就是「用猜的」。一般醫師猜中的機率很高，不過偶爾也會有猜錯的時候，那麼就等三天後培養報告出來，再決定要改用哪一種抗生素。大孩子感染如果不是很嚴重，這三天的抗生素可以帶回家吃；但是小嬰兒的感染，通常還是住院用靜脈注射抗生素比較保險。

嬰幼兒的泌尿道感染，除了用抗生素治療以外，還要確認是「下泌尿道感染」或是已經侵犯腎臟，成為「急性腎盂腎炎」。如果是後者，那麼治療時間要十到十四天以上（住院注射一週，回家口服一週），但如果是前者，那麼燒退兩天就可以停藥了。要怎麼確認是「下泌尿道炎」還是「腎盂腎炎」呢？有兩種作法，一是超音波檢查，二是核醫攝影。

總之，醫生怎麼安排，就配合著做就好了，等答案出來，就可以知道要治療多久。

經過超音波與核醫攝影檢查，若確定細菌已經侵犯到腎臟，那麼就還要再做一個檢查，就是「排尿膀胱尿道攝影」（VCUG）。這又是什麼呢？簡單的說，在嬰幼兒時期，得到「急性腎盂腎炎」的孩子當中，有三分之一的機會是有先天性泌尿道的異常。這三分之一的孩子如果沒有事先知道這些異常，將來會反覆泌尿道感染，卻不知道原因，久而久之，甚至可能會傷害到腎臟。因此，為了這三分之一的可能，我們會作「排尿膀胱尿道攝影」的檢查，看看有沒有問題，其中最主要的異常，就是有名的「膀胱輸尿管逆流」。

「膀胱輸尿管逆流」是先天性異常，意思是輸尿管與膀胱的「接頭鬆了」。如果這個接頭鬆了，尿液就會從膀胱一下子竄到輸尿管，甚至跑到腎臟的腎盂，若是尿液帶著細菌在裡面，也難怪會感染「急性

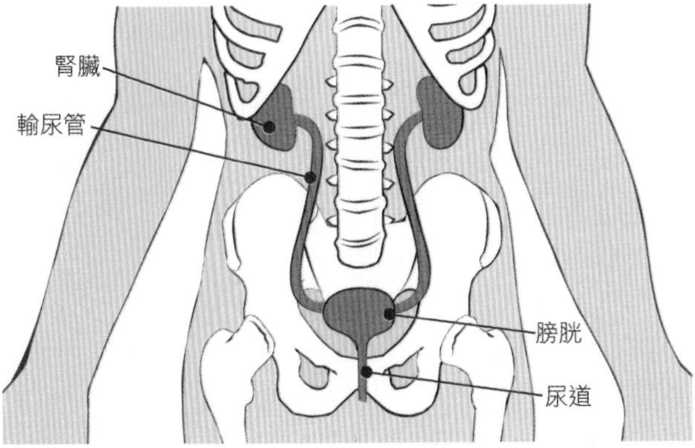

圖4-7 人體的泌尿道系統

腎盂腎炎」了！如果醫師發現孩子有「膀胱輸尿管逆流」，根據嚴重度不同，有不同的處理；最輕微者定期追蹤即可，或者吃預防性的抗生素，最嚴重者則要開刀矯正。

經過這麼多檢查，折騰了半天，孩子終於可以治療完成。如果是年紀較大的孩子得病，叫他以後多喝水，不要憋尿就可以了。如果是小嬰兒得病，但是沒有腎盂腎炎，或者是雖然有腎盂腎炎，但是沒有膀胱輸尿管逆流，那麼就算是偶發事件，將來可以放心，只要按照原先的照顧方式讓寶寶長大就可以了。只有被檢查出泌尿系統有先天異常的寶寶，將來得持續追蹤。大部分輕微的膀胱輸尿管逆流，在六歲之前都會自動復原，只有少部分嚴重的個案需要開刀矯治。

很多家長因為孩子得到泌尿道感染，互相指責對方「尿布照顧不周」，或者怪到保母或爺爺奶奶，這誤會大了。雖然說泌尿道感染的細菌是從大便來的，但是根據研究，再怎麼勤換尿布，也沒辦法預防泌尿道感染的發生。要預防泌尿道感染，應該從保持尿道口黏膜的完整性著手，比如說：

1. 用清水沖洗會陰部與尿道口，不要使用肥皂或任何清潔液，這些刺激性的物質會傷害黏膜，導致更容易感染。

2. 不要用力搓刷會陰部或尿道口，照顧男寶寶時更不可用力推擠包皮刷洗，這些都是危險動作，會傷害黏膜。

3. 幼兒泡澡也盡量不要使用泡泡浴。

至於年紀較大的兒童，規定每天要多喝水，並且至少每四小時小便一次。家長可以觀察孩子尿液的顏色，如果偏黃，表示喝太少水分，要補充更多。便祕的孩子容易憋尿，所以如果孩子有便祕，也要同時處理。蔓越莓汁並不是仙丹妙藥，只能「稍微」減少某些細菌的感染機率，不需強迫孩子飲用，除非他自己喜歡喝。

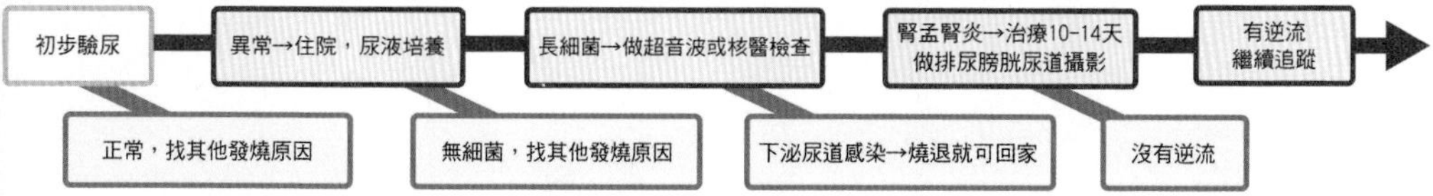

圖4-8　嬰兒泌尿道感染的處理流程

18 玫瑰疹

有一位一歲大的小女嬰因為不明原因發燒被收住院，她燒了兩天，每天都燒到四十度，而且還有輕微的拉肚子。住院以後尿液檢驗白血球輕微上升，所以就被當作泌尿道感染治療。治療了三天，尿液細菌培養和糞便培養也沒有發現任何細菌。她高燒了五天，自己就退燒了；退燒的當天，身上開始冒出一粒一粒的紅疹，而且越來越多，到了退燒的第二天，幾乎從頭到腳都長滿了這種不痛不癢的粉紅色斑點。這個孩子得到的症狀，正是典型的「玫瑰疹」。

玫瑰疹是小兒科醫師展現「未卜先知」能力的疾病：膽量小的，極度謹慎的醫師，可能會像上述例子一樣，當做其他疾病來檢查與治療，繞了一大圈，最後才發現原來只是虛驚一場。膽子比較大，經驗豐富的醫師，就可以預測「可能是玫瑰疹」，多等個兩三天，最後疹子一出，真相大白，家長與醫師都很高興。玫瑰疹這個疾病，一定要燒滿四五天，疹子才會出現；因此在剛開始發燒的前三天，非常不容易診斷，再怎麼有經驗的醫師，還是有可能會猜錯。

這裡提供一些祕訣，可以讓家長或許早一點懷疑病童得到的是「玫瑰疹」，進而少做一點無意義的檢查與治療，增加孩童的痛苦。

1.玫瑰疹的病童年齡要小。一般發病的年紀在兩歲以內，更大的孩子就要小心其他診斷。

2.玫瑰疹常常是發「高」燒，最高溫度常常動輒三十九、四十度，而且反反覆覆持續四到五天。如果溫度太低，我反而會懷疑是其他疾病。

3.玫瑰疹的病童沒有呼吸道症狀，也就是沒有咳嗽，沒有流鼻涕，食慾正常，不會嘔吐。唯一的線索是，會有輕微的腹瀉，但不嚴重。

4.玫瑰疹的孩子精神很好。除了發高燒的時候有點懶洋洋之外，吃了退燒藥後，一定又是一尾活龍。

5.最後一個徵象，要醫師檢查喉嚨才看得到，就是有一點點喉嚨泛紅發炎。

玫瑰疹沒有快速篩檢，沒有血液、尿液，或任何檢查可以早期證明。所以，如果上述五項都符合的話，我通常會等滿五天，等玫瑰疹子冒出來。最終若是我猜對了，那麼就是皆大歡喜的局面；如果滿五天還是沒有疹子冒出來，我才會開始朝其他疾病去檢查，包括檢驗泌尿道感染或抽血等等。

在玫瑰疹發燒的那四到五天，家長要怎麼照顧病童呢？其實就是照顧他的體溫就可以了。發燒要怎麼照顧，可以參考我第四章第一篇文章〈發燒〉。至於吃與喝，都沒有特別的禁忌。最重要的是放輕鬆，注意觀察孩子的精神與食慾，若真有明顯下降，才要趕快就醫。

19 需注意的皮膚病徵

小兒科的皮膚病徵實在太多了，包括病毒疹、異位性皮膚炎、蕁麻疹、濕疹、出血點、蜂窩性組織炎……真的是「族繁不及備載」。身為一般的父母，實在不可能一一辨明或診斷，還是得靠醫師的幫忙。所以，這裡我只介紹兩種需要趕快就醫的皮膚表徵：一個是出血點，一個是蜂窩性組織炎。

出血點

出血點就是皮膚的微血管破裂。至於為什麼會破裂？這是小兒科醫師才需要知道的細節。瘋狂大哭過後的幼兒，眼睛周圍的皮膚也許會出現細小紅斑，此出血點是因為哭太用力，把血管擠破了，這種就不需要擔心。但是如果身上其他地方發現出血點，原因可能是「血小板過低」、「過敏性紫斑」，或者更嚴重的「敗血性血栓」等等。反正，不會是什麼好事情，趕快掛急診就對了。

怎麼分辨皮膚上出現的紅點點是否為「出血點」呢？很簡單，快去拿一個透明的玻璃杯，輕輕壓在寶寶身上的紅色斑點；如果輕壓之後，透過玻璃杯觀察疹子就不見了，顏色一壓就褪色，那就屬於一般的紅疹。相反地，如果透過玻璃杯，疹子依然鮮紅或泛紫，表示此為出血點或紫斑，需盡速就醫做進一步診斷。

蜂窩性組織炎

蜂窩性組織炎，跟蜜蜂一點關係也沒有，其實就是「皮下組織感染」。我們的皮膚是一個厚厚的城牆，堅固地擋住外來伺機而動的細菌們。然而一旦皮膚出現傷口，這些細菌就會侵入我們的皮下組織，如果抵抗力不足，就會變成蜂窩性組織炎。

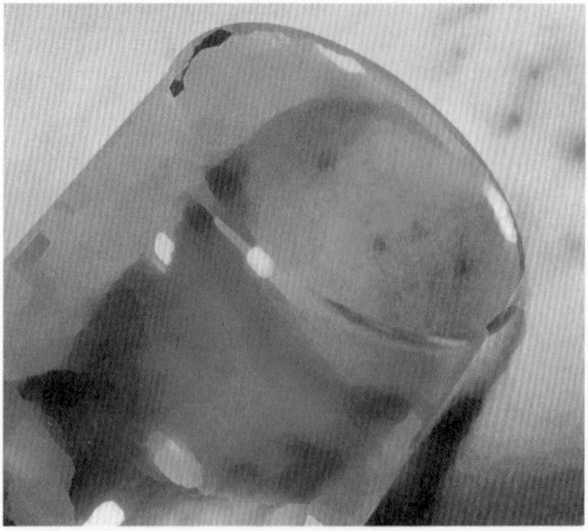

圖4-9 辨別出血點的方法——用透明玻璃杯輕壓

蜂窩性組織炎一定要有四個要素：紅、腫、熱、痛。我聽過太多這樣的故事：小朋友被蚊子叮咬，當天馬上腫一大包，被當做蜂窩性組織炎，給予抗生素治療。但是在這個孩子身上，只有一點點紅，雖然很腫，但是沒有熱，壓了也不會痛，這大部分是「過敏性水腫」，而不是蜂窩性組織炎，因為根本沒有細菌在裡頭。

真正的蜂窩性組織炎，一定會先有一個傷口：可能是抓傷（人或動物）、咬傷、割傷、刺傷，進而開始泛紅、腫大，觸摸會疼痛，最終可能會發燒。蜂窩性組織炎一定要趕快就醫，用抗生素治療才會痊癒。

這裡跟大家提醒一下：蚊子叮咬的傷口，或者注射疫苗的針孔，都很小很小，不可能一天之內細菌就入侵。除非用手抓破皮，細菌從指甲摳入傷口裡，經過四十八小時，才可能變成蜂窩性組織炎。所以真正令人擔心的是「抓癢」這個動作，而不是蚊子叮咬本身。

下次再聽到有人告訴您，「被蚊子叮立刻變成蜂窩性組織炎」的時候，應該是錯誤的訊息。

20 何時掛急診

您是否有這個經驗？當孩子生病了發生一些症狀，心急如焚的您手忙腳亂的送孩子到急診室，換來醫生一陣白眼，一副「又沒怎樣幹嘛那麼緊張」的表情呢？這裡告訴家長們什麼時候要送急診，其他時候門診掛號就可以了。

有些嚴重的病徵就不用強調了，比如說大面積燙傷、大出血、嗆到窒息、抽搐、昏迷等等，不可能不送醫急救的。下面列出的是一些您可能會不是很確定是否嚴重，但事實上是要快點來就醫的狀況。

1. 一個月以下的新生兒精神變差：可能是嚴重的敗血症，快送醫。
2. 精神渙散：若您的孩子不哭不笑，眼睛只盯著一點看，整個人軟趴趴的，快送醫。
3. 一碰他就喊痛或尖叫：快送醫。
4. 不能走路：不能走路，可能是腳的問題，也可能是腦部疾病（如腦瘤），常常也是嚴重腹痛的表現。
5. 肚子痛到不能走路：可能有嚴重腹部感染。
6. 睪丸或陰囊疼痛：如果是年紀比較大的孩子（大於十三歲）要小心睪丸扭轉。

7.喘：這是最重要的症狀，也是最難辨別的症狀。首先您要確定孩子不是鼻塞呼吸很大聲，先用食鹽水清洗鼻子後抽鼻涕，再予以評估。不管是呼吸費力，呼吸有哮吼聲，或者「咻咻」的喘鳴聲，都應該快點送醫。體溫正常時呼吸若大於六十次／分鐘，唇色發紫，胸肋凹陷的話，更要快點就醫。

8.唇色發紫：缺氧，快就醫。

9.流口水：不是小嬰兒的一般流口水，而是本來已經不會流口水的孩子，突然不能吞嚥，口水直流，才是不正常的。這可能是吞嚥困難，可能是口咽任何的疾病（如腸病毒，會厭炎等等），所以要快就醫診斷。

10.脫水的徵兆：您的孩子若因為嘔吐或腹瀉嚴重，可能會有脫水的現象，包括八小時未解尿，眼眶或囟門（小嬰兒頭頂上軟軟的那塊）凹陷，精神不濟等等。年紀較大的小孩不會吐個一兩次就脫水，無須太緊張，先觀察有無其他脫水的徵兆。

11.身上有紫斑或出血點：身上若有紅色的出血點，或紫色的斑點，要迅速就醫。出血點跟一般疹子的差別是，用透明的玻璃杯或玻璃蓋壓住疹子觀察，如果壓下去疹子就消失那是正常的疹子，若是壓下去疹子仍然鮮紅那就是出血點。

12.高燒四十度以上，或者嬰兒溫度低到三十六・五度以下。（參考第一篇〈發燒〉）

21 小兒用藥安全

在本章的最後，我來跟各位家長談談小兒用藥的一些基本觀念。

1. 兒童少吃藥。不管是中藥或是西藥，沒有任何一種藥是沒有副作用的。如果有少數中藥總是強調天然植物提煉，完全不提其副作用，那麼這是一種欺騙的行為。

至於大部分西藥則很誠實的將副作用寫在藥品仿單上，萬一不幸發生了不良反應，就可以回溯調查是哪一種藥所引起的。然而，一種藥加上第二種藥會發生什麼事情，有時候就很難評估了；如果再加上第三種、第四種、第五種，配合各式各樣不同的食物，說實在，會迸出什麼不良的火花，恐怕神仙也難知道。

許多藥物上市之前僅只有成人的臨床試驗，並沒有通過兒童的部分。因此，您的孩子若是看病後，拿到紅白藍綠黃一大堆的藥混在一起，請算一下處方單上有幾種藥物：種類超過七種的處方，恐怕要問清楚後才給孩子服用。**對於兒童用藥而言，「吃藥種類能少就少」！**

黃醫師聊聊天

天然提煉不等於安全的代名詞，很多不好的東西也是天然植物提煉的——比如說大麻。

2.大部分的感冒藥，都是可吃可不吃。我相信這個觀念與許多人的認知有很大的不同。很多人都以為「早點吃藥病早點好」，其實不盡然如此。兒童用藥最常開立的不外乎退燒藥、化痰藥、鼻涕藥、止瀉藥、脹氣藥等等，這些藥物吃了孩子病就會好嗎？不，絕對不是的。

這些藥只是「症狀治療」，也就是「讓您的孩子在生病的過程中舒服一點」，卻不是殺菌的作用。事實上，超過九〇%小兒急性感冒，都是以病毒感染為主；而對於幾乎所有的病毒，醫學上都沒有特效藥（流感病毒除外），必須靠我們的抵抗力自然殺死它。不同種類的病毒，病程需要的時間不一樣，有些病毒需要兩天，有些則需要五天。如果這隻病毒需要五天才會痊癒，不管有吃藥，或是沒有吃藥，都一樣會生病五天才會痊癒。

「真的嗎？」您可能大吃一驚，是的，正是如此。再次強調，吃藥的功用，就是讓孩子在生病的過程中舒服一點。您可能曾經歷過發燒的孩子因為畏寒而哭鬧不休，或是痰太多咳嗽到生氣大哭，流鼻涕流得滿臉，這些不舒服的症狀，都可以因為吃藥，多多少少得到改善。

因此，**如果症狀已經減輕很多，家長決定不需要再吃藥，也是沒有關係的。**另外，如果孩子極度抗拒吃藥，每次餵藥都要哭鬧一兩個小時，那麼「吃藥」這件事反而成為他最大的痛苦，在症狀輕微的前提下，就別再吃藥了。但是有些用藥是不可以擅自停止的，比如說抗生素，鼻噴劑或吸劑，免疫疾病用藥等等，如果不清楚，可以請問處方的醫師：「這些藥一定要吃到完嗎？」相信醫師會給您正確的答覆。

3.藥物分裝，比混在一起好。WHO在兒童用藥的指引中提到，不同的藥，應該用不同的包裝，並標明不同的用法。這一點在大醫院都做得到，許多診所也有很好的標示，然而有少數醫師是通通磨好粉混在一起，這是不正確的。套一句阿甘正傳的名言：You never know what you're gonna get!

4.藥水比藥粉好。您餵孩子吃過「早晚各四分之一顆」這種處方的藥物嗎？如果您曾經自己磨藥粉，就知道這是個多麼困難的「手藝」。就算有專人幫您磨好粉，混著藥水一起喝，您看到小杯子上還殘留著一些藥粉嗎？究竟您的孩子真正吃進去多少劑量，恐怕沒有人能回答。當然，有些藥物並沒有藥水的劑型，沒得選擇，只好開藥粉，或者孩子非常痛恨藥水，那也只好用藥粉。但除此之外，藥水還是比較正確的兒童用藥。

5.藥粉請在吃之前才磨。馬偕醫院藥局常常被人投訴抗議，說他們都不幫忙家長磨藥粉，實在是啞巴吃黃蓮，有苦說不清。衛生署早已強烈建議兒童用藥不可在醫療院所磨粉，以免污染到其他藥物，或者造成藥效衰退。您可能不知道，從藥錠拆開被磨粉的那一剎那開始，藥品就開始變質；到了第三天甚至第五天，藥效甚至已經降低至五〇%，這樣的藥，還有效果嗎？所以我的建議是，買一個磨藥器（不到一百元），跟醫師說：「我的藥自己磨就好。」拿原裝的藥錠，等孩子吃藥前再磨粉。

6.不要隨便打點滴。我已經聽過太多位家長跟我請求：「吊個點滴讓孩子快點好。」我的答案常常是：「不好不好。」醫學上應該要有的共識，就是「藥能用吃的就不要用注射的」。靜脈注射點滴，通常只在非常時期，比如說無法進食（腸胃道出血、阻塞），或脫水、休克、低血糖等等，須快速改善或急救的狀況。所以，能吃能喝能跑能跳的孩子，絕對不需要打點滴。點滴液的成分，如果沒有加入其他藥物，基本上就是生理食鹽水與葡萄糖液。

有人說：「是啊，醫生，裡面要加那個黃黃的營養針才有效！」那個黃黃的就只是維他命，還不如吞一顆小善存。還有家長要求在點滴裡加入退燒藥，這就回到我剛剛的原則：藥能用吃的，就不應該用注射的。**如果您知道每年都有人因為注**

黃醫師聊聊天

兒童用藥一向是由大人來主導，兒童不能為自己的權益發聲，只能默默的接受。所以，為了自己的孩子，請勇敢的跟醫生說：「我孩子的處方請減至最少，不必幫我分裝，也不必幫我磨藥，能開藥水最好，點滴或者肛門塞劑能不用就不用。」相信只要是有良心的醫生都會非常樂意配合的。

射退燒藥而產生過敏性休克，應該會和我一樣決定還是用吃藥的比較妥當。最後，如果您覺得打點滴之所以會有精神變好的效果，純粹是因為強迫臥床休息所導致的。

第五章

三大過敏症

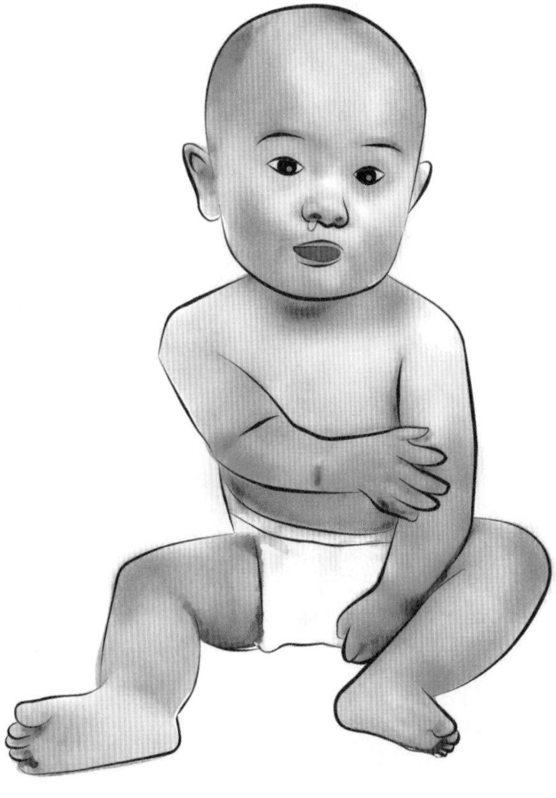

現在小兒科門診的小病人，幾乎有一半都有過敏體質——有些是過敏性鼻炎，有些是異位性皮膚炎，也有些是氣喘。越來越多的家長困擾著，為什麼以前過敏的人沒那麼多，現在孩子卻動不動就過敏呢？

為什麼過敏的孩子會增加？目前有幾個可能的原因：

1.診斷率增加：過去在感染症肆虐的年代，誰會在乎家裡的小孩早上起來打個噴嚏呢？但時代不同了，如今因為疫苗與抗生素的發展，得到感染症的孩子已經越來越少；而當孩子有些惱人的過敏症狀，就越來越常被帶到診所求醫，診斷率因而增加。

2.家族遺傳：目前科學家逐漸在尋找一些導致過敏的基因，試著解釋家族裡過敏的傾向。有趣的是，目前看來，似乎母親過敏比父親過敏還容易遺傳到孩子身上呢！有些人認為胎兒還在子宮的時候，就已經受到媽媽過敏的環境影響。另一個說法是，重要的過敏基因可能存在於粒線體（一個只帶有母親ＤＮＡ的胞器）。

3.空氣汙染：雖然家族遺傳對於過敏診斷很重要，但是可以肯定的是，基因絕對不是造成過敏的唯一兇手。我個人認為，空氣汙染才是引發過敏最重要的因素。舉例來說，在柏林圍牆倒塌後，東德人因為開始移居或接受西德的現代化生活，環境中空氣汙染與日俱增，過敏的人數也開始上升。然而，東德佬還是東德佬，他們的基因並沒有改變過，是環境的汙染使他們的過敏被引發。台灣的都市有汽車，鄉間有工廠，我想，已經很難找到一個沒有空氣汙染的淨土了。

4.社會化的影響：研究發現，高知識水準家庭的後代，比低社經階層的後代更容易過敏。低社經階層的家庭通常媽媽很年輕就生小孩，而且生很多，和老人家住一起，是大家庭的結構。這些因素是哪一項可以降低過敏的機會呢？目前還不清楚。有人認為高社經地位的孩子常常待在家裡看電視，很少出外走動，因此增加接觸屋子裡過敏原（如塵蟎、黴菌）的機會，也是造成孩子過敏的原因。

5.更多樣化的過敏原：過去的人養狗養貓都在戶外，現在的人養狗養貓都在家裡，而且有寵物的人口越來越多。這些寵物是否增加了孩子暴露在過敏原之下？另外，因為全球化的關係，孩子吃的食物也越來越多元化，在台灣可以吃到世界各國的風味美食，但也間接的讓孩子的腸胃道暴露於世界各國的食物過敏原之下。

6.衛生理論與農場理論：這是近幾年很熱門且令專家們尷尬的理論。當各國致力於公共衛生，改善環境清潔之餘，雖然減少了感染性疾病，卻讓我們的免疫系統「訓練不足」，英雄無用武之地。比如說，寄生蟲疾病在都市已經非常少見了，所以用來對付寄生蟲的E抗體（IgE），幾乎已經碰不到敵人。這些抗體因而轉向攻擊我們自身的鼻腔、氣管、皮膚，造成過敏鼻炎、皮膚炎，與氣喘。相反地，住在鄉下農場的孩子每天接觸家禽家畜的細菌與毒素，免疫系統「訓練有素」，反而比較不會過敏。但請不要誤會，並不是得到每個細菌病毒都能保護過敏兒，比如說：得到呼吸道融合病毒或者是百日咳感染的孩子，反而比沒得過的孩子更容易產生氣喘。所以「骯髒吃，骯髒長大」這個俗語，恐怕還要有一些運氣的成分。

過敏的三大疾病：氣喘、過敏性鼻炎、異位性皮膚炎，我將會在此章節一一介紹。

1 氣喘

我自己在兒童時期就是個氣喘兒。雖然長大以後就已經很少發作，但是一直到現在，我的氣管依然是個「塵蟎偵測器」，只要哪裡有塵蟎聚集，我一定聞得出來。根據對自己疾病的長期摸索、臨床上病人的回饋，加上研讀他人的研究結果，我對這個疾病有很多經驗之談，在此整合與各位分享。

首先要讓各位做父母的知道：氣喘，其實就是「過敏性氣管炎」，它就和過敏性鼻炎、異位性皮膚炎一樣，屬於過敏體質的三大疾病。為什麼要強調這個定義，是因為很多家長聽到「氣喘」二字，馬上聯想到電視上呼吸困難、命在旦夕、喘得面青唇白的畫面，因而拒絕接受孩子被標上氣喘的診斷。我認為，這一切都是因為中文翻譯的問題，並且「喘」這個字，總是給人體弱多病、孱弱不濟的不良印象。有些醫師喜歡說「過敏性的氣管」，讓家長聽起來悅耳一點，倒也無不可，其實是一樣的意思。

氣喘，或過敏性氣管炎，就像過敏性鼻炎一樣，只是發生的位置在孩子的氣管。如同鼻炎的孩子反反覆覆的打噴嚏流鼻水，氣喘的孩子也是反反覆覆地氣管發炎、腫脹、分泌物增加。一旦氣管有這些發炎的現象產生，您的孩子就會開始咳嗽，試著把痰咳出來；如果發炎太厲害，氣管阻塞，就會發出咻咻咻的聲音了！

到底您的孩子有沒有氣喘呢？根據全球氣喘創議組織理事會（GINA）的指引，有

六個指標可以讓您自己在家檢視：

1. 您的孩子曾經呼吸有「咻咻」的喘鳴聲嗎？
2. 您的孩子常常有夜間咳嗽的症狀嗎？
3. 您的孩子每次運動或者遊戲完都會咳嗽嗎？
4. 您的孩子接觸到汙染的空氣，或者是某種過敏原，就會胸悶、咳嗽，或者發出喘鳴聲嗎？
5. 您的孩子每次感冒都「痰很多」，而且症狀都「超過十天以上」嗎？
6. 您的孩子以氣喘的藥物治療後，症狀就明顯的改善嗎？

上述這六個問題，只要有一項，就可以懷疑是氣喘兒。家長必須知道的是，只有嚴重的氣喘兒才會像電視上喘咻咻地，大部分孩子都是以慢性咳嗽作為表現，比如說夜間咳嗽，或者感冒久咳不癒。如果您的孩子因為慢性咳嗽被醫師診斷為氣喘，千萬不用驚訝，並不是一定要到喘咻咻的地步才能說他是氣喘。

近年來過敏性氣管炎的孩子逐年增加，根據統計，大台北地區學童氣喘盛行率從民國

六十三年的一·三%一路攀升，到民國九十一年已經有一九·七%，幾乎已經達到五分之一，而現在的人數一定比當年還更高。過敏性氣管炎的人越來越多，重要的觀念是，過敏體質一旦被誘發，就不可能回頭了。因此我常跟病人說，**過敏可以被控制，但不可能被根治**。若您的孩子已經有了氣喘，用任何藥物、益生菌，或是營養品等等，都只能「控制」不再發作，而不能根治，這點一定要了解。「控制得很好」雖然與「根治」相去不遠，但還是有根本的不同；若有人號稱能「根治」氣喘，此人必定是誇大不實之士，完全不了解氣喘的致病機轉，家長一定要辨明。

接下來就來跟各位說明怎麼好好「控制」您孩子的過敏性氣管炎。一共有環境控制、飲食控制、生活習慣調整與藥物控制等四大任務：

1. 環境控制

大家都知道環境中有許多會誘發氣喘的因子：塵蟎、香菸、黴菌、油煙、空氣汙染、蟑螂等等，其中最重要的就是塵蟎的防治。以下提供多種方法來滅絕塵蟎與其他致敏原：

（1）降低室內濕度：當室內濕度在五〇%以下的時候，塵蟎和黴菌這兩大致敏元兇會很難繁殖，活得很不好。因此，當孩子去上課，或者長時間離開房間時，請使用高效能除濕機或冷氣機除濕。要注意的是，太乾的空氣也會引發氣喘，所以孩子一旦回家，就把除濕機關掉，窗戶打開通風。總而言之，就是**「房間裡面沒有人的時候才除濕」**。

（2）丟掉地毯、厚窗簾布、沙發坐墊、彈簧床及填充玩具：這些東西都是塵蟎生長的溫床，請趕快搬走，改用皮革材質塑膠材質，或以木製家具取代。若無法移除彈簧床，須使用防蟎套將床墊、枕頭、棉被全部包起來，這非常重要。很多母親捨不得花這個錢，展現阿信的精神天天洗床單：這樣做完全是白費功夫。**塵蟎都躲在床墊裡面，光洗床單是沒有幫助的。**

（3）不要再抽菸了：很多爸爸以為去陽台抽菸就沒事，即便如此，也很難讓屋內是個無菸的環境。長期暴露在有菸的致敏原下，孩子的氣喘不容易改善。

（4）寢具的洗滌：包上防蟎套之後的床鋪，您可能會再套上一個孩子喜歡的漂亮床單。這些床單枕套需每星期用攝氏五十五度以上的熱水或烘乾機先處理十分鐘，或者使用殺蟎化學製劑後，再以清水洗滌乾淨。這樣做是藉由加熱或化學藥物來殺死床單上的塵蟎。**請注意：殺蟎化學製劑絕對不能取代防蟎套！**

（5）高效能粒子空氣過濾（high-efficiency particulate air filter；HEPA）系統：市面上有HEPA系統的吸塵器，也有HEPA系統的空氣濾淨器。使用這些可以稍微減少空氣中飄浮的灰塵與塵蟎，經濟上許可的話，可以買一台。

（6）每週清理冷氣及濾網：此步驟可去除灰塵、碎屑及黴菌過敏原。

（7）不要養寵物：狗毛、貓毛都是讓孩子氣喘的過敏原。

（8）如果可以，搬離汙染的都市也是一個不得已的方法。

（9）大掃除時，塵蟎過敏的病人應在清潔時及清潔後一小時內遠離該處，因為此時致敏原是滿天飛舞。

2. 飲食控制

絕對沒有一種「神奇的食物」可以讓孩子氣喘馬上被控制，健康均衡的飲食是唯一法則，不可以吃零食。多補充水分對氣管的濕潤有幫助，因為這樣會讓氣管的分泌物不會那麼黏。溫的飲品絕對是比冰冷的好，**我建議氣喘的孩子不要喝冰水，更不可吃冰棒。涼性或刺激性的食物也要禁止**，如瓜類、橘子、麻辣鍋等等。

近年來，益生菌的效果被過分的誇大，好像每天喝個優酪乳就可以免除過敏的煩惱，事實上，益生菌的效用並未經過臨床醫學證實。況且益生菌有非常多種類，不能說某科學家發現這隻益生菌有效，全世界跟這隻菌種類似的表兄弟姐妹也通通一樣有效，雞犬升天，沒那麼好的事。總之，氣喘的孩子吃益生菌的效果目前是個未知數，我個人不予置評，只要您家庭經濟許可，吃了也沒什麼害處。

3. 生活習慣調整

生活習慣當中，睡眠充足非常的重要，絕對不要讓孩子晚睡！作息只要不正常幾天氣喘就很容易發作。感冒也是引發氣喘的一個重要因子，所以如果飲食作息正常，減少感冒的機會，當然可以減少發作的頻率。

避免吸入冷空氣也很重要。若是在冬天起床時，能給孩子一個溫毛巾敷臉，讓他不會馬上接觸到乾冷的空氣，並且出門時戴口罩，不要快速的吸入冷空氣，對他們很有幫助。

適度的運動也同樣重要。很多人誤以為氣喘的孩子是不能運動的軟腳蝦，實際上是錯得離譜。韓國游泳奧運金牌朴泰桓就是氣喘兒，我自己也曾泳渡日月潭，大學時也是壘球隊員，根本不受氣喘影響。當然，所有的運動當中以游泳最好，因為游泳時呼吸頻率溫和，而且吸入的空氣濕度高，不會刺激氣管；然而近年來有關游泳池消毒的氯氣與

黃醫師聊聊天

我有幾種食物吃了氣喘一定會發作：橘子（以及任何型態的橘子醬）、香蕉、冰牛奶。但是吃柳丁則不會。按照民間的說法，橘子是涼性食物，柳丁則不是，在我身上可以得到印證。

氣喘的引發似乎引起爭議，所以游泳是否對氣喘是完全正面的幫助，結論未明。我的建議是：能游戶外露天的游泳池比室內游泳池來得好，因為氯氣濃度會低一點。

4. 藥物控制

氣喘的藥物分為兩種：保養預防藥物和急性緩解藥物。當一個孩子被診斷為氣喘的同時，就應該開始使用保養預防藥物；若是突然急性發作，咳得很厲害，或者已經有喘鳴聲，就應該使用急性緩解藥物了。至於使用哪一種，由醫師為您決定，切勿擅自做主張。

●保養預防藥物：

（1）吸入型類固醇：吸入型類固醇每天一次或兩次，劑量非常的低（約為口服的一／五〇〇），且局限在氣管而不是全身，許多大型的研究都指出，幾乎沒有任何的副作用，更不會影響生長發育。

（2）欣流：每日睡前一顆。欣流不是類固醇類，是另外一種白三烯素抗拮劑（leukotriene receptor antagonist），同樣副作用很少，但是效果比吸入型類固醇稍微差一點。

●急性緩解藥物：

（1）口服或注射類固醇：因為是口服或注射，所以藥物會進到全身；若是劑量過高，或長期服用超過十四天，會有副作用產生，但短時間使用正常劑量則不需要擔心。什麼是正常劑量？我教大家怎麼計算：每公斤每天一到兩毫克。比如說一個十公斤的孩子，一天吃十到二十毫克，都是屬正常劑量。

（2）口服氣管擴張劑：氣管擴張劑有很多種，有長效有短效，效果大同小異，這裡不詳細說明。有兩個重點要提醒：第一，剛開始吃擴張劑手會發抖，這是正常的副作用，家長可以將藥量稍微減少一點，或者多吃幾劑就不會抖了。第二，沒有氣喘的人，感冒是不需要吃氣管擴張劑的！若是您的孩子並沒有過敏性氣管炎，可以不要吃這種藥，避免不必要的副作用。

（3）短效吸入型氣管擴張劑：短效吸入型擴張

黃醫師聊聊天

如果家長對吸入型類固醇有所疑慮，我算一遍給大家看。以二十公斤的小孩為例，口服類固醇最低劑量每天每公斤一毫克，也就是一天要吃二十毫克，一般治療「至少」五天，所以口服一個療程需一百毫克的類固醇，這已經是非常低的劑量了。但吸入型類固醇每天只需〇．二毫克，兩者差距達五百倍！也就是使用吸入型類固醇五百天，才抵得上口服一個療程的劑量。此外，吸入型藥物只作用在呼吸道，大部分沒有吸收到身體裡，所以副作用幾乎是零。

劑是氣喘者的救命仙丹，但也是濫用者的致命傷。一般急性發作時，可以用此藥物緩減症狀，但是不可以用過量，也盡量不要連續使用超過兩週。過度依賴吸入型氣管擴張劑致死的最典型例子，就是歌姬鄧麗君小姐。

使用藥物控制有三大原則：提早預防，勿排斥吸入型類固醇，以及使用方法要正確。

A.提早預防：不要等到您孩子喘到不行時才開始用藥，那已經太晚了。既然已經有這樣的體質，看到孩子咳嗽進入頻繁發作時，就應該開始定時使用保養預防的藥物。孩子感冒後容易引發氣喘，所以感冒初期也應該開始使用保養預防的藥物。激烈運動易引發氣喘，所以運動前就應該用氣管擴張劑預防發作。早點用藥可以減少您孩子發作到最嚴重的狀況，若是到那種地步反而讓他暴露到更高劑量，更全身性的藥物，得不償失！

B.勿排斥吸入型類固醇：有一些家長盲目的排斥任何的類固醇，視之為牛鬼蛇神般，堅持不肯讓孩子使用，這種錯誤的觀念真是害慘了氣喘的孩子。**類固醇到目前為止，是唯一可以幫助氣喘兒最有效的藥物！**當然，如果您的孩子是使用「口服類固醇」，家長必須注意劑量（請參閱前述）與療程，不可超過兩個禮拜，也不可常常服用。

然而，「吸入型類固醇」就沒有這個問題，即便吸三個月、五個月，甚至一年，都不會影響孩子發育。事實上，根據研究，氣喘控制不良的孩子，因為長期咳嗽、食慾不佳、睡眠品質不好，生長發育都相對遲緩，長不高也長不胖；反而使用吸入型類固醇預防控制的孩子，睡得好、精神好，才有力氣長高長大，學習效率也較佳！

C.使用方法要正確：使用定量噴霧吸入型藥物時，若是配合「吸藥輔助艙（spacers）」，效果可以加倍。吸藥輔助艙很貴（約一千多元），卻是個好東西；它可以讓藥物顆粒均勻的分布，不會黏在輔助艙上，吸氣時藥物也可以深入支氣管，增加藥物利用率。使用吸入輔助艙時，要深呼吸後憋氣八秒鐘，不會憋氣的幼童，則讓他自由呼吸三十秒，記得不可讓面罩鬆開孩子的臉以免漏氣。另外，吸完類固醇後要漱口，以避免產生鵝口瘡。預防性吸入型藥物切勿自行停藥，也不要想到才用，或有症狀才拿出來用，這都是不正確的使用方法。停藥的時機應該跟醫師討論後才決定。

總而言之，持之以恆的照顧，習慣成自然，不只過敏性氣管炎得到控制，其他各方面一定也會更健康。盡量減少照顧者的人數，才不會讓整個照顧的品

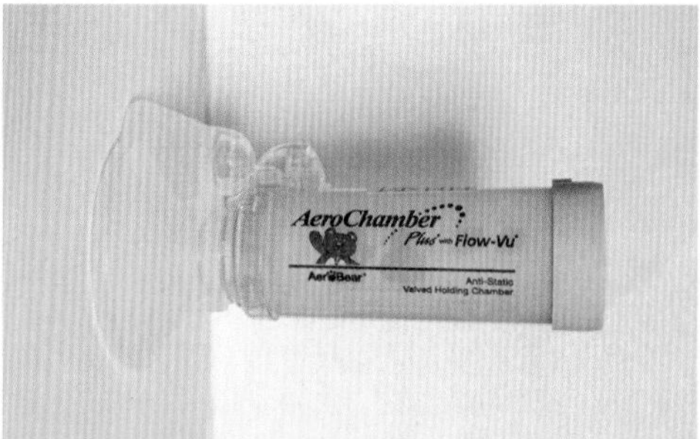

圖5-1　吸藥輔助艙
使用吸入輔助艙時，要深呼吸後憋氣八秒鐘，不會憋氣的幼童，則讓他自由呼吸三十秒，記得不可讓面罩鬆開孩子的臉以免漏氣。

質不斷改變，導致功虧一簣。如果不幸又再發作，以平常心看待，畢竟人生沒有完美的事。好好配合醫師治療，孩子上了小學以後，發作頻率會漸漸減少。這樣的過程雖然辛苦，對您、對孩子將來都是一個充滿祝福的過程。

黃醫師聊聊天

我的童年常常在氣喘中度過，當時沒有很好的保養藥物，靠母親對我悉心的照顧，才有今天的我，至今仍銘感五內。相信將來您的孩子，也會這樣感激您的恩情。

2 過敏性鼻炎

氣管與鼻腔都是呼吸道的一部分，有過敏性的氣管（氣喘），就一定會有過敏性的鼻炎。以兒童而言，這兩種疾病常常同時存在，只是程度的差異。根據研究，有氣喘的病人百分之八十會合併過敏性鼻炎，而有過敏性鼻炎的病人則有十%～四〇%合併有氣喘，可知這兩種疾病是「焦不離孟，孟不離焦」。

過敏性鼻炎的症狀包括：流鼻水、鼻子癢、鼻塞，與打噴嚏。比如說，每天晚上睡覺都鼻塞睡不好；每天早上起來都會打好幾個噴嚏；整天揉鼻子，加上黑眼圈……這些都是常見過敏性鼻炎小朋友的症狀。

過敏性鼻炎根據疾病持續的時間，可分為「間歇性」或「持續性」。間歇性的定義是：症狀發生頻率小於一週四天，或者反覆發作不會連續超過四週；而持續性的定義就是：每個禮拜四天以上都在鼻塞打噴嚏，或者症狀已經連續超過四週以上。然而，有些孩子雖然經常打噴嚏或鼻塞，但是不影響上學，不影響運動，不影響睡眠，也沒什麼不舒服，我們就歸類為「輕度過敏性鼻炎」。相反地，只要有影響到生活品質，不管頻率如何，我們都稱之為「中重度過敏性鼻炎」。

剛剛有提到氣喘與過敏性鼻炎的不可分離性，因此會引發氣喘的過敏原，也同樣會引起過敏性鼻炎！國際最具公信力的ARIA指引中提到，引起過敏性鼻炎的物質包括：

1.戶外最重要的過敏原：花粉和黴菌。

2.家中最重要的過敏原：塵蟎，寵物的皮屑，昆蟲，和黴菌。

3.空氣汙染，二手菸等等。

4.食物引起的過敏性鼻炎則非常少見。

很多家長問我是否要抽血驗過敏原？我個人認為幫助不大。除非問診時覺得病史很特別，或者治療效果很差的病人，我才會幫孩子抽血驗過敏原；否則孩子挨一針很痛，卻也得不到什麼特別的答案（九九%都是塵蟎、黴菌、狗毛），徒然浪費金錢與時間。

要預防過敏性鼻炎，和預防氣喘的方法幾乎一模一樣。然而因為過敏性鼻炎屬於吸入過敏原引起的疾病，因此環境控制顯得更為重要。

在氣喘的環境控制裡我提到了九個應注意的事項，其中最有效的就是「用防蟎套將床墊，枕頭，棉被全部包起來」，再來就是「室內溼度控制」，最後就是「創造無菸環境」。至於其他的措施都有一些些幫助，但都不及這三項重要。至於養寵物，根據研究發現，不論您怎麼賣力的清洗牠，或者把狗屋放陽台，使用空氣清淨機等等，都沒有辦法避免過敏性鼻炎的發生。因此，如果您的鼻炎真的很嚴重的話，很抱歉，寵物只有送人一途，別無他法。

生活習慣方面，過敏性鼻炎的孩子也是應該作息正常、睡眠充足，避免讓孩子晚睡。有同樣毛病的家長應該很有經驗，只要熬夜趕工作，過敏性鼻炎很容易就會發作。之前我也有提到，飲食作息正常，可以減少感冒的機會，進而能減少發作的頻率。

清晨吸入冷空氣也會讓鼻黏膜突然充血。因此，若是在冬天起床時，能給孩子一個溫毛巾敷臉，讓他不會馬上接觸到乾冷的空氣，並且出門時戴口罩，不要快速的吸入冷空氣，對鼻子很有幫助。最後，適度的運動也同樣重要。

至於藥物控制的部分，有五個主要的類型：口服抗組織胺、抗組織胺鼻噴劑、去鼻充血劑、類固醇鼻噴劑和欣流。這五種藥物經過許多研究比較後發現：還是以類固醇鼻噴劑最有效。

●口服抗組織胺

抗組織胺是對付鼻子症狀最常被使用的藥物。抗組織胺有兩種：第一代的短效型抗組織胺，以及第二代的長效型抗組織胺。

第一代短效型抗組織胺，一天要吃三到四次，但是效果好，作用快，缺點就是會頭昏腦脹想睡覺，而且可能影響腸胃功能。短期使用沒問題，長期使用可能會影響兒童的認知功能及學業表現。

第二代長效型抗組織胺，一天只要吃一次或兩次，作用緩和，除了對打噴嚏沒有幫助以外，對於流鼻水，鼻子癢都有幫助，長期使用相對上比第一代副作用少一些。

不管是第一代或第二代抗組織胺，對於鼻塞都沒有效，除非與去鼻充血劑合併使用。

●抗組織胺鼻噴劑

和口服的效果幾乎雷同，作用比口服快，副作用比較少，缺點是味道很苦，小朋友通常不愛。

●去鼻充血劑

去鼻充血劑一般是含有類麻黃素，可以讓鼻塞充血得到緩解。現在已經很少人單獨使用去鼻充血劑了，通常和抗組織胺做成「複方」藥物。然而，**去鼻充血劑副作用很多，比如說心悸、手抖、坐立不安、失眠等等，因此不建議使用在兩歲以下的幼童。**

●類固醇鼻噴劑

類固醇鼻噴劑是治療過敏性鼻炎最有效的方法。兒科最常使用的兩種鼻噴劑mometasone及fluticasone，研究顯示都不會影響兒童的生長。長期使用類固醇鼻噴劑，對於打噴嚏、流鼻水、鼻塞、揉鼻子、黑眼圈等症狀皆有效果，是治療過敏性鼻炎的最佳選擇。臨床上碰到最大的阻力，是小朋友不喜歡噴劑的「感覺」，以及藥的味道。不過目前已經有一種新的噴霧型鼻噴劑，可將不適感降到最低。

● 欣流

欣流對於過敏性鼻炎的效果不算太好，只對鼻塞有一點點幫助，而且只針對六歲以上的兒童。

長期治療過敏性鼻炎，除了類固醇鼻噴劑之外，還有一個選項就是「減敏治療」。減敏治療的原理，就是把塵蟎抗原（或其他過敏原）反覆的用皮下注射、鼻腔給予，或者舌下吞嚥的方式，讓身體越來越習慣於暴露這些過敏原，進而產生減敏的效果。

減敏治療對於過敏性鼻炎，經醫學證實是有效的。然而，不管是皮下減敏或者鼻腔／舌下減敏，治療時間都非常冗長（三年以上），並且有時候會突然引發過敏反應，因此仍應該保留到傳統的藥物治療皆無法有效控制病情的時候，才選擇使用。另外，**五歲以下的小孩並不建議給予減敏治療。**

鼻沖洗液對過敏性鼻炎也有「些微的幫助」。至於雷射手術，除非您經過傳統治療皆無效，或者鼻中隔有嚴重彎曲，長了贅瘤，或者嚴重感染等等特殊狀況，才會送去雷射手術或開刀處理。其他民俗療法，包括針灸等等，都證實沒有效果。坊間流傳益生菌對過敏性鼻炎具有幫助，和氣喘病一樣，其效用也並未經過醫學證實。如果家庭經濟許可，吃一個月看看，沒有效果就放棄吧！

3 異位性皮膚炎

三大過敏症最後一症，就是異位性皮膚炎了。異位性皮膚炎變化多端，非常複雜，絕非三言兩語可以解釋清楚。我接下來盡量說明，雖不完美，至少讓家長對這個疾病有初步的了解。

異位性皮膚炎是什麼？

1. 在孩子的手上臉上有紅色癢癢的疹子。
2. 小嬰兒的異位性皮膚炎與大人的異位性皮膚炎好發的位置不同：小嬰兒的疹子常長在臉上、手肘外側與膝蓋；成人則是在手肘內側、膝蓋內側、後頸部、腳踝。可以參見〈圖5-2〉。
3. 如果抓破皮有時候會分泌一些液體，而且整片皮膚都會變得紅紅的。
4. 平常的時候皮膚永遠很乾燥。
5. 跟所有的過敏體質一樣，異位性皮膚炎也跟遺傳有關係，然而並不是絕對。家人若有氣喘過敏性鼻炎，或同樣有異位性皮膚炎，都可能讓孩子更容易得到這個體質。

6.異位性皮膚炎也與孩子皮膚的免疫系統有關，有金黃葡萄球菌等等細菌寄生在皮膚導致。

異位性皮膚炎發作的原因

1.皮膚接觸到刺激性的物質，比如說某種沐浴乳、衣服的螢光劑、洗衣精等等。

2.吃到某些食物引發。

3.天氣變化，乾冷的空氣，尤其是冬天。

4.皮膚表皮有細菌入侵。

如何照顧異位性皮膚炎的孩子

照顧異位性皮膚炎有四大法寶：保濕、避免過敏原、止癢、抗發炎藥膏。

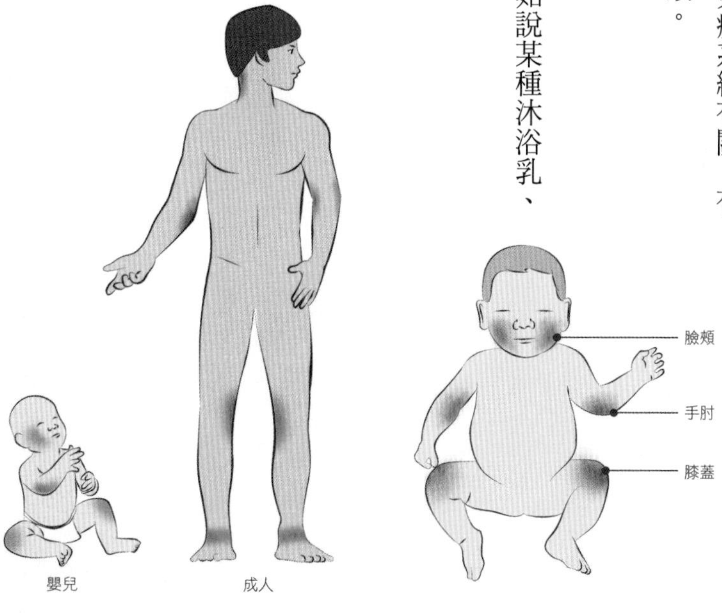

圖5-2　異位性皮膚炎好發的位置

保濕（保養）

1. 每天要多補充水分，洗澡時最好泡澡十分鐘以上（但是水溫不可太高）。

2. 洗澡不可以用肥皂，若是嬰兒可以用清水清洗就可以了，也不要用力搓，把身體保濕的表皮都搓掉了。

3. 洗髮精會把頭皮的保濕油脂洗掉，最好也避免。

4. 如果較大的孩子玩得全身髒兮兮，可以用沐浴乳重點洗腋下、胯下、和腳。其他地方用清水即可。

5. 泡完澡後要勤勞的給孩子擦保濕的乳液。您擦的乳液越油，就越保濕；擦的乳液越清爽，就越不保濕。不過，雖然凡士林是最油最膩的物質，卻會把您孩子的毛細孔堵住，反而會使症狀惡化，不太適合。

6. 三個名詞：Ointment（膏），Cream（霜），lotion（乳液），越後者越不油。「霜」用在白天比較不會黏黏的，「膏」用在晚上，加強保濕效果。

7. 如果您的孩子正在急性發作，已經在擦類固醇藥膏的話，要先擦類固醇，再擦保濕乳液。

8.夏天可以每天保濕一次，冬天則是兩次以上（最好三至六次）。好的保濕可以減少約百分之五十的類固醇使用，努力加油！

9.已經在上學的孩子要給隨身帶無香料的保濕劑，或者放在學校，家教班，讓他隨時可以保濕，每週使用到二五〇到五〇〇公克的量才算足夠。

10.保濕乳液用哪一牌這個問題我不做建議，市面上有名有姓的牌子，標榜過敏專用的，應該都可以。盡量選用無香料的產品，還有網路上搜尋其他家長的使用經驗，不要看到誰貴就買誰，不見得好。

避免過敏原（保養）

1.沐浴乳本身可能就是孩子的過敏原，即便是「敏兒專用」的沐浴乳也是一樣！任何的物質都有可能是致敏物，只能說這些沐浴乳「也許」比較不會造成過敏。

2.要穿棉質的衣服，而不要穿毛衣，或其他會刮皮膚質料的衣物。

3.除了衣服和沐浴乳之外，也要避免其他任何可能會致敏的環境或物質：太熱、太冷、太乾、化學物質、洗潔精、衣服的螢光劑等等。**新買的衣服要先洗過一次才可以穿。游完泳要泡個澡，把身上的消毒氯劑洗掉。**

4.如果您懷疑孩子吃了某種食物會使異位性皮膚炎更加惡化，可以暫停兩週完全不碰那樣食物。兩週過後，再給孩子吃一次；若皮膚病變在二十四小時內又再度發作，表示您的孩子真的對此食物過敏，不能再吃了。不要輕忽這個最簡單的評估方式，因為它比任何抽血檢查都敏銳！

5.奶蛋製品常常是過敏的元兇，不要猶豫，快停止喝牛奶吧！沒有什麼奶製品中的營養是不能被取代的。羊奶和牛奶是一樣的，它並沒有預防過敏的效果，反而可能增加。如果仍未完全離乳的小孩，豆奶（soy milk）可以是一個選項。

6.避免塵蟎。方法如氣喘與過敏性鼻炎的照護一樣。

止癢（治療）

1.用類固醇藥膏可以改善皮膚搔癢。

2.口服抗組織胺在急性期也可以幫助小孩止癢。第一代的抗組織胺比較有效，但就是會嗜睡。不會想睡的第二代抗組織胺效果較不好。

3.以普麗液（Polytar Emollient）泡澡（十到二十分鐘，每週三次）或直接塗抹，也可以幫助止癢。使用這種焦油類液體要避開陽光照射二十四小時。缺點是會有色素沉澱，而且聞起來臭臭的。

抗發炎藥膏（治療）

1. 最常見的藥膏就是類固醇：

●類固醇藥膏有輕有重，請配合醫師使用適合您孩子強度的類固醇。

●剛泡完澡之後，角質軟化，此時馬上擦藥比較有效。

●類固醇藥膏使用上要注意：當您的孩子已經擦到好了以後（中等強度類固醇），不要馬上停藥，要繼續用更弱的類固醇，一天擦一次，維持兩週，才可以停。

●將來只要您看到孩子身上有開始搔癢的部位，就要開始用藥，不要等到抓爛了才開始使用，為時已晚。

●類固醇藥膏有副作用，大家都知道。但是九〇%的病人可以從此藥得到好處，卻只有〇・〇〇五%的人產生全身性的副作用。然而濫用類固醇藥膏依然不是個好主意，因為會越擦越沒效。其他副作用包括色素沉澱、皮膚萎縮等等。

2. 第二線的藥膏有Calcinurin inhibitors（一種免疫抑制劑）：

●常見的有普特皮、醫立妥，這兩種藥膏都是兩歲以上可用。

●使用這種藥膏的孩子要避免日曬。

●並不是非類固醇就是好藥，這種免疫抑制劑藥依然有一些副作用，包括灼熱感、癢、局部發炎等等，但不見得每個人都會發生。

●如果使用六週仍然沒效，表示這個藥對您孩子沒用，可以放棄了。

3. 普麗液（Polytar Emollient）

剛剛有提到，此液除了止癢，也有輕微殺菌作用。缺點是會有色素沉澱，而且聞起來臭臭的。

4. 抗生素藥膏：

若有急性大發作，看起來有金黃色皮屑，可能是合併局部的細菌感染，需要抗生素藥膏，幫助清除發作部位的金黃色葡萄球菌。

其他有關異位性皮膚炎的照顧

1. 與醫師配合詳細的問診，試著抓出可能的誘發因素，比如說刺激物（如肥皂、洗潔精）、皮膚感染、接觸的過敏原（如手錶），食物，吸入的物質等等，才是治療異位性皮膚炎的不二法門。

2.嬰兒時期餵全母乳是預防異位性皮膚炎最好的措施。

3.吃母乳的孩子若突然產生皮膚炎，過敏原可能來自母乳，此時媽媽的飲食要經過檢視並調整，以找出致敏的食物（通常是海鮮、乳製品等等）。

4.六個月以下吃配方奶的嬰兒，如果有異位性皮膚炎，並且保濕與輕微類固醇控制不佳的話，可以考慮使用全水解奶粉六到八週。

5.確定因牛奶蛋白過敏的孩子，給羊奶，或部分水解蛋白奶粉，效果都不好。可以改成喝豆奶。

6.大部分的異位性皮膚炎小孩並不需要抽血驗過敏原，尤其是輕度疾病的孩子。

7.多吃蔬果，少吃動物蛋白。先從停掉奶製品開始！

8.如果同時擦保濕與藥膏，一次擦一種，相隔數分鐘後再擦第二種，不要同時混在一起擦。

9.益生菌是否有效還需要時間證明。我的建議是，吃了有改善就繼續吃，若是沒效就停用吧。

4 預防過敏性疾病

說到「預防」二字，大家的眼睛都亮了起來，當然「生意人」的眼睛也就更亮了。坊間有很多偏方號稱能「預防過敏」，甚至「治療過敏」，儘管他說得天花亂墜，療效多麼的顯著，大家還是要忍住，先好好想一想。

首先，我在這章節的一開始就列出多種引起過敏的原因，其中一再強調的，就是「空氣汙染」。除非您給孩子戴上防毒面具，否則不論您給孩子吃什麼「預防過敏」的保健食品，都躲不掉充斥在空氣中的灰塵，不是嗎？所以啊，不要聽信任何可以百分之百預防或治療過敏的方法，這是不可能達成的任務。

再來，很多方法的確在「實驗室」裡成功的讓免疫細胞降低活性，然後這些商品就透過「營養食品」的途徑上市了。可是，我們的身體跟培養皿一樣嗎？差多了吧！在培養皿裡面的實驗成果，若是經過人體試驗，百分之九十都會被淘汰掉，主要是因為人體的構造太複雜，太多干擾的因素，導致這些「營養食品」在身體裡，要不是被代謝掉失去作用，再不然就是劑量不足，所以沒有辦法得到很好的效果。試想，如果某種物質真的那麼神奇，為什麼不走「藥品審查」的路線，而走「營養食品」的路線呢？此理論不辯則明。

最後，有些療法，比如說益生菌，曾經有漂亮的臨床試驗結果證明有幫助，但是之後其他的研究者卻無法得到相同的結果，這種廠商，我們叫做「報喜不報憂」。他們只拿最漂亮的那一篇研究給你看，卻把其他做不出來的負面報告都藏起來，不讓你知道，這樣也不是很科學。

這時候我們當醫生的就要做功課、多讀書，看看國際醫界是否對於這種療法有共識；如果沒有，跟病人建議的時候就應該保守一點，甚至提都不要提。

給各位心理打了預防針之後，我以下再介紹一些可能可以預防孩子過敏的方法。預防過敏，可以於懷孕的第二孕期❶，一直到新生兒出生後的六到九個月內，給予一些幫忙，進而減少過敏兒的產生。

1. 懷孕期間一直到新生兒時期，減少居家環境過敏原與空氣汙染物濃度：研究一再地顯示，空氣汙染與室內過敏原（塵蟎與黴菌），絕對是引起過敏的第一禍首。子宮內胚胎時期或嬰兒時期即暴露於這些環境中，體質就會被致敏化。

怎麼樣減少空氣汙染？我建議家裡所有的人都戒菸，減少長時間燒香，減少油煙暴露，或者暫時搬離都市也是一個方法。空氣清淨機多少也有一些幫助，但是幫助不大。

怎樣減少塵蟎與黴菌？常常除濕，杜絕家中黴菌滋生，定時消毒洗衣機，並使用防蟎寢套、枕套、棉被套。

2.餵食母乳，或低過敏配方（水解蛋白配方奶粉），至少六個月：餵食母乳時，母親應少吃其家族中已經有人會過敏的食物（較常見者為乳製品、蛋、海鮮、豆奶或花生）。

3.益生菌（probiotics）：益生菌與過敏的關聯曾經紅極一時，但是因為世界各地的研究都不一致，目前醫界傾向結論不明。另外要注意的是，並非所有菌種都有相同的特徵及效果。

之前最有名的一項研究，產婦產前開始服用某種乳酸菌，可以減少嬰兒濕疹的機率，但不能預防氣喘，也不能預防過敏性鼻炎，給各位做個參考。

4.魚油：在懷孕母親之飲食中增加含 ω-3 多元不飽和脂肪酸的魚油，可預防十八個月前嬰兒的喘鳴。必須注意的是，食物中 ω-3 多元不飽和脂肪酸魚油的來源最好取自小型深海魚類，以減少因攝食大型深海魚類所造成人體內汞含量偏高的危機。然而，吾人實在很難知道魚油的來源是大型或是小型的深海魚，孕婦吃的時候，心理也是毛毛的，深怕吃多了重金屬更加糟糕。

5.不需延遲至六至九個月以上再添加副食品：我個人不很贊成因害怕寶寶過敏而延後他吃副食品的年齡。**最近根據北歐的一項研究顯示，太晚吃副食品的孩子，反而會增加過**

敏與氣喘的機率，理由很簡單，同樣是吃母乳的嬰兒，他們很早就已經透過母乳接觸各種不同的致敏原。根據《自然》雜誌的一篇研究顯示，母乳之所以可以預防過敏，也是因為它能「少量而多樣化」的刺激嬰兒免疫系統，進而讓嬰兒對可能過敏的蛋白引發耐受性。臨床上我見過非常多的家長，因為太晚添加副食品，添加時又太過謹慎，反而導致幼兒太晚離乳，營養不良，會過敏的孩童好像最後還是會過敏。我認為，母乳不要太早停，但是副食品可以早點開始（四到六個月），少量而多樣化的攝取，每週增加一種食物，這樣不但營養充足，一歲時也可以順利離乳，也不會增加過敏的機率（甚至減少），應該是比較好的作法。

由於母乳內含有多量的 ω-3 多元不飽和脂肪酸（魚油的成分），母乳也可以讓新生兒腸道內產生大量的益生菌，再加上給予寶寶「少量而多樣化」的蛋白刺激，所以「餵食母乳」絕對是預防新生兒產生臨床過敏病症最

黃醫師聊聊天

預防過敏有兩種策略：一個是逃避，一個是面對。喝水解蛋白奶粉，或者延後嬰兒吃副食品的年齡，選擇的是逃避的策略，讓寶寶越晚面對過敏原越好，也許免疫系統比較成熟就不會過敏了，這是屬於消極式的思考。而喝母乳，以及在四個月開始吃副食品，則是讓寶寶提早面對少量而多樣化過敏原的策略，讓他的免疫系統漸漸成熟，並且產生耐受性，一旦耐受性產生，就不會發生過敏的症狀了。耐受性是什麼？我舉例來說，它就像是一個愛碎念的媽媽，如果每天不斷持續對小孩嘮叨，久而久之他就充耳不聞，對媽媽的話產生耐受性，不再有反應了。

佳的選擇。低過敏水解蛋白配方奶粉則是次好的選擇，其功能只是減少致敏牛奶蛋白的暴露而已。至於其它蜂膠，酵素，藻精，或是成分不明的中藥，應該是沒有幫助，就不用浪費錢了。

注❶：一般來說，懷孕分為三個孕期，懷孕十四週以前為第一孕期，第十五至二十八週為第二孕期，二十九週以後為第三孕期。

第六章

黃醫師的貼心叮嚀

1 預防嬰幼兒事故傷害

在台灣地區，事故傷害是兒童（十四歲以下）十大死因的榜首。一個孩子千辛萬苦的懷胎十月，哺餵長大，若因為事故傷害而受傷甚至死亡，是多麼令人悲傷與不捨的事！因此我們更應該對預防嬰幼兒事故傷害有深入的認知。

以前我們常常以「兒童意外事件」來稱呼因為外來傷害造成兒童受創的事件，然而，這是一個錯誤的命名。「意外」，意思是意料之外，是沒辦法預防的，老天爺注定發生的，但事實常常不是如此。現在我們稱這類事件為「兒童事故傷害」，意思是說，在大部分（七〇％）的狀況下，災難都是可以預防的；只要花一點心思，做好準備，孩子就能在安全的環境長大。

一個嬰幼兒事故傷害的發生，最主要的原因是父母親不知道孩子的發展程度。孩子本能的學習，本能的踢腿，本能的翻身，常常出乎家長意料。每個新的發展里程碑總有第一次：第一次翻身，第一次用手抓東西，第一次扶著牆壁站起來等等。而這些第一次的動作，如果事先沒有安全的防護，下一步可能就是跌落、燙傷、摔倒等等傷害的發生。

美國兒科醫學會有一個附屬的網站，叫做「The Injury Prevention Program」，內容鉅細靡遺的將不同年齡層的孩子會遇到什麼樣的事故傷害，預防的方法，都詳述在其中。我將其中幾點整理如下：

1. 居家防護

（1）嬰兒床欄永遠要拉起來。不要以為寶寶還不會翻身就很安全，凡事總有第一次。養成床欄拉起的習慣，即便是離開一分鐘，也要有好的習慣。

（2）嬰幼兒身邊不可以有塑膠袋或是氣球等等物品。這些塑膠製品很有可能會讓您的孩子窒息。

（3）**不可讓孩子趴睡**，床墊不可太軟，也不可將孩子放在水床，或者懶人椅上。這些危險動作都是造成嬰兒窒息的殺手。

（4）不要在嬰幼兒身上掛項鍊，或者是以頸圈的方式掛奶嘴在嬰兒身上。這些細繩或者鍊子，若是不巧鉤到了固定的物品，很有可能會勒住脖子而導致死亡。

（5）絕對不要讓您的孩子身邊有直徑三公分以下的小物品。硬的食物也盡量不要切成太小塊的丁，要打爛成泥，或削成片狀才安全。

（6）窗戶旁邊絕不可放高位的沙發、嬰兒床、桌椅等等，讓嬰兒有機會爬過窗戶，造成墜樓的危險。二樓以上的窗戶都應加裝鐵窗，鐵窗間隙必須小於十公分。

（7）禁止用學步車。學步車的危險是會跌倒，還有不正確的攀爬造成的危險。

（8）硬的家具與桌腳皆應用軟海綿貼起來，或者移除這類的家具。

（9）瓦斯爐與瓦斯熱水器每年要檢測，預防漏氣造成一氧化碳中毒。

（10）家中有尖銳物品都應該收在抽屜鎖起來。

（11）家中若有樓中樓或透天厝的樓梯，都應該設置防護門，避免幼兒滾落。

（12）若有常拜訪的親戚或保母的家，也要主動觀察，注意上述事項都有符合安全標準，否則寧可拒絕造訪。

重點整理

仰睡能降低寶寶猝死機率

在此，我要花一點篇幅來探討趴睡這件事。最近有幾本很不錯的育兒書，都非常適合家長閱讀，但唯一讓我擔憂的就是鼓勵趴睡這件事。事實上，趴睡是西方的傳統，而東方嬰兒本來都是以仰睡為主的。當一九九二年，美國兒科醫學會強力推行嬰兒仰睡運動時，許多美國老一輩的醫師都反對這項改變，認為這違反了嬰兒的天性。他們不知道，當時的東方國家，仰睡才是嬰兒主流的睡姿。**事實證明，從一九九二年推行仰睡運動之後，美國嬰兒猝死的數字從每年約五千人急速下降為每年三千人**，下降幅度高達四〇%。同樣的結果在紐西蘭、澳洲、英國等地，也都被證實。如〈圖6-1〉

嬰兒趴睡或仰睡，其實是習慣動作。有些寶寶喜歡仰睡，有些寶寶喜歡趴睡，有些根本沒差。折衷的方法是，如果您的寶寶是喜歡趴睡的，那麼等他睡著以後，再將他翻過來。可以使用嬰兒包巾捆住他，讓嬰兒更有安全感，也讓您幫他翻身時比較容易。

寶寶的安全應該是放在一切其他顧慮之前，而不是擔心頭型好不好看等等旁枝末節。仰睡其實也可以幫寶寶的頭左右輪流擺放，就不會讓後腦杓越來越扁。另外，純趴睡的孩子將來牙床也會比較窄，正好反應了為什麼以前美國小孩的牙齒幾乎都需要矯正的理由之一。

此外，嬰兒監視器已經證明是一種無效的作法，並不能減少嬰兒猝死的機率。

2. 預防燒燙傷

（1）家中成員皆避免抽菸。抽菸壞處多，對嬰幼兒尤其不好；除了可能會有火災、燒傷危機，也會增加嬰兒猝死的機率。

（2）火柴與打火機都應該鎖在抽屜裡。

（3）每一個家中都應該有滅火器，與煙霧警報器。

（4）重要：當您抱著小孩時，另一隻手不可以拿熱咖啡、熱茶、熱湯等等。小孩無預警的踢腿或翻身就會讓他受到燙傷！

（5）所有會發熱的東西旁都不可讓孩子接觸到；比如說暖氣、熱水爐、瓦斯爐等等。可以用實際的東西阻擋，擺設在孩子觸碰不到之處，或者責罰之（我不反對在這種重要保命

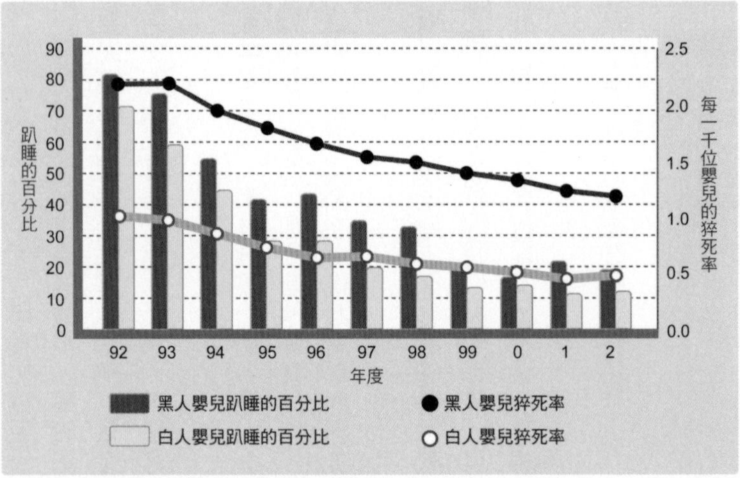

圖6-1　研究顯示仰睡能降低寶寶猝死機率

的教育時給予幼童警示性的體罰）。

（6）家中若有熱鍋熱爐上桌，請將把手轉面向牆壁。不要讓孩子有機會從桌子側面碰觸到把手，將整鍋東西拉下桌子翻倒。電磁爐或電鍋端上桌，也要記得拔掉並收拾電線與延長線。

（7）洗澡水的溫度不可太高。注意：接觸六十度以上的水溫六分鐘以上，就可能讓您的孩子有三度灼傷。若熱水爐可以設定上限溫度，最好設定在五十度以下，以策安全。

3. 溺水預防

絕對，絕對不要單獨讓孩子在浴缸、水桶、馬桶、泳池、漁塭、釣蝦場等等旁邊玩耍。請注意：僅僅五公分高的水位，就有可能會讓幼兒溺水。

4. 汽車安全

（1）上車一定要使用汽車安全座椅。

（2）絕對不要讓孩子單獨在車上。

5. 單車安全

一歲以下的孩子不可以坐單車兒童座椅。他們的頸部發育還未健全，快速甩動可能會傷及頭部。

6. 誤食藥物

（1）所有的藥物、清潔用品（如穩潔、威猛先生）、維他命等等，都應該鎖在高位的櫃子不讓孩子吃到。

（2）不要用飲料罐裝非飲料的物質。

（3）將過期的藥物清理掉。

（4）藥罐最好要有兒童安全閥。

（5）如果不幸誤食了藥物，就醫時請將藥罐子帶至醫院，醫生才知道孩子吃了什麼藥。或者可撥打台北榮總臨床毒物科詢問（電話：〇二－二八七五－七五二五）。

7.觸電預防

（1）在浴室裡不要讓孩子碰觸到有插電的東西，比如說吹風機。

（2）所有的電線如果有橡皮剝落，趕快換新的。小孩有時候會去咬，造成口腔電灼傷。如果做得到，將固定使用的電線包埋起來。

8.玩具安全

每天檢查孩子玩具是否完整，有無即將脫落的片段，要處理掉，以免誤食。

如果上述每一項您都有做到，那麼恭喜您！在您周詳的照顧下，孩子將可以在一個安全的環境快樂長大！

2 小兒汽車安全座椅

在美國，每年有七百位五歲以下的小孩因為車禍死亡，六萬兒童因車禍而受傷。這恐怖的數字可以因為使用汽車安全座椅而減低八〇%的死亡率。

很多家長以為，坐車時只要把小孩抱緊就可以，反正只是幾分鐘車程，不過是出去買個東西罷了。您錯了。車速只要區區五十公里，發生車禍時，就可能讓孩子的頭撞上儀表板、擋風玻璃，造成頭骨受傷，甚至飛出窗外。使用汽車安全座椅，也可以減少孩子暈車的感覺，減少哭鬧，避免影響駕駛情緒。

目前市面上有三種汽車安全座椅：

1. 平躺式嬰兒安全座椅：這種適用於九公斤以下的寶寶。
2. 雙向幼兒安全座椅：可以調整為面向後或面向前的安全座椅。
3. 成長型（或叫成長輔助型）兒童安全座椅：面向前的安全座椅，並使用汽車本身的安全帶。

選擇的方式如下：

1. 您的孩子九公斤以下：使用平躺式嬰兒安全座椅。

2. 您的孩子九公斤以上，一歲以下：使用雙向幼兒安全座椅，並調整為面朝後。

3. 您的孩子九到十八公斤，一歲以上：使用雙向幼兒安全座椅，並調整為面朝前（維持朝後也可以）。

4. 您的孩子十八公斤以上，或一百公分以上：使用成長型兒童安全座椅。這種椅子可以讓您的孩子使用汽車本身的安全帶，但彌補他身高不足的缺點。

5. 二十七公斤以上：若孩子可以正確的把肩安全帶適當的跨過肩膀（通常身高要

圖6-2：正確的坐姿

圖6-3：不正確之一
肩帶繞在脖子上。表示您的孩子還需要安全座椅。

圖6-4：不正確之二
肩帶在兩側腋下，或者根本放在背後。不合格。

一百二十公分以上），大腿安全帶適當的橫跨大腿，則可以不再需要汽車安全座椅，直接使用汽車安全帶。

放置安全座椅時，盡量將椅子放在汽車的後座而不是前座，這樣比較安全。尤其是當您的前座有安全氣囊時，孩子會被彈出之氣囊窒息而死。

很多家長面臨的問題是：孩子根本不願意乖乖坐在椅子上，或者是配合您的指示，怎麼辦呢？這裡有幾個建議：

1. 以身作則。您若是沒有繫安全帶的習慣，您的孩子便有樣學樣。
2. 當孩子配合安全座椅時，給他稱讚。
3. 給孩子一些玩具，以免他無聊就開始「鬧脾氣」。
4. 若孩子掙脫椅子，或者大吵大鬧，先將車子停下來，表示沒有乖乖聽話車子就不會啟動。切勿邊開車邊暴怒，或者任憑其不守規矩脫逃。
5. 買好一點的椅子讓孩子舒服一點。
6. 長途旅行時，偶而要讓孩子下車休息奔跑吃點點心。

3 小小孩看電視，害處多？

近年，美國兒科醫學界持續呼籲成人不要讓未滿兩歲的孩子看電視，但似乎只在父母心中起了小小漣漪，現在仍然有近九〇%美國小孩兩歲之前每天看電視一到二小時，台灣的現象也差不多。近日澳洲政府釋出將制訂法律限制兩歲以下孩子看電視的訊息，雖然尚未定案，各方阻力也是重重，但我仍然十分敬佩澳洲政府對國家幼苗的重視。

二〇〇九年澳洲政府委託墨爾本皇家兒童醫院製作的《活力成長》（Get Up and Grow）手冊，是一本鉅細靡遺的育兒指引，其中有關看電視的問題只是諸多內容當中的一小部分。

事實上，美國兒科醫學會早已建議（沒有禁止，只是建議）兩歲以下孩子不要看電視，兩歲以上孩子每天不得超過兩小時，而且只看優質兒童節目。不同的是，澳洲政府因為使用「禁止」的字眼，引來較多的關注。

手冊中提出禁止幼兒看電視的原因包括可能減少他們從事遊戲、社交接觸與發展語言能力的機會，定焦於平面螢幕會影響視力發展，以及減少專注力的時間。

在先進國家，看電視成了孩子除睡覺以外花費最多時間的活動。為何專家學者苦口婆心勸導父母別讓小小孩看電視，卻起不了作用？實在是現代父母太過忙碌，為了得到喘息的時間，只好將孩子交給電視保母。也有些父母抱怨，空氣汙染嚴重、社會事件頻仍，家長還能帶孩子去哪裡？藉此合理化幼童看電視的行為。更有父母認為自己也是看電視長大的，也沒有變笨。父母的這些想法，反映了現代社會的問題，照顧者的無能為力，雖然情有可原，但以看電視來解決問題，只會造成惡性循環。當孩子從不當的電視節目中養成暴力、攻擊行為，再想管教孩子就事倍功半了。

到底看電視對幼兒的影響是什麼？我們可以從三個面向分析：

1.電視影像本身的影響

聲光刺激：電視螢幕的閃爍光影、變換畫面、快速剪接等聲光效果，對幼兒正在發育的大腦不利。

影響視力發育：嬰幼兒時期視力還未發育良好（六歲才有正常人的視力），他們需要東看西看，獲得全視野的發展，而看電視會讓幼童的視線集中在一個框框內。另外，幼兒事實上是有點「遠視」，因此無法看清楚電視上的內容，當然就無法吸收所謂能「促進大腦發育」的資訊，反而會影響視力的正常發育。

2. 節目內容的影響

語言發展遲緩：有些父母認為孩子可以跟著電視學語言，但是孩子從生活環境裡學語言會更快。電視是單向的「聽」，無法取代人與人之間的對談和互動，反而可能會造成語言發展遲緩。

無法專注：當孩子適應了電視的過度刺激，現實生活中的刺激就顯得平淡，也就引不起興趣投入。根據研究，三歲以下的孩子電視看得愈多，到七歲時，出現注意力不集中、焦躁不安、衝動的機率愈大，值得注意的是，即使孩子在其他房間遊戲，電視的背景聲音也會影響孩子遊戲的專注力，增加衝動行為的機率。

認知或閱讀障礙：雖然有實驗證明「芝麻街」（Sesame Street）之類的兒童節目對三歲以上的孩子是有幫助的，但對於三歲以下的孩子效果卻恰恰相反。研究顯示三歲以下孩子每天看電視的時間愈長，他們的閱讀能力和理解力也愈差；看到一串數字，能夠記住的長度也不如同齡孩子，這些能力的下降都會影響日後的學習和成就。

價值觀扭曲：卡通中的暴力行為，可能會讓孩子模仿；而充滿商業行為的廣告，也會誘惑孩子消費，扭曲孩子的價值觀。

3. 電視造成間接的影響

親子關係疏離：幼兒花費過多時間看電視會大幅減少與家人的言語互動。根據研究顯示，打開電視，會讓家庭減少八〇%以上的語言溝通。雖然有些父母會陪孩子一起看電視，但看電視的父母多數是為了休息，而很少和孩子互動、學習，處於「人在心不在」的狀態，不但無法增進孩子的身心成長，反而錯過孩子重要的發展階段，浪擲寶貴的親子時光。

運動不足：全世界的肥胖兒都在增加，電視與垃圾食物難辭其咎。長期看電視的孩子運動不足，容易肥胖，也容易養成懶散、被動的習性。研究證明，肥胖兒中除了十%是疾病引起，十%是家庭遺傳，剩下的八〇%肥胖兒皆屬單純性肥胖，其中的一個共同特點就是愛看電視。

剝奪其他活動的時間：嬰幼兒階段是腦功能發育階段，需要均衡的腦部刺激，才能衍生更多的腦神經迴路與連結，如果長時間看電視，相對的就減少了玩沙、溜滑梯、扮家家酒、玩黏土、畫圖等活動的時間，而這些活動對孩子的全面性發展很重要。

有些父母會想提供教學光碟讓孩子觀看，是誤以為這些影片對孩子的大腦發展有益。

然而根據研究，兩歲以下孩子，不論觀看哪種教學光碟，皆無法使孩子更聰明，反而增加上述所提及的不良影響。多數研究還是建議，幼兒三歲以上才可以看電視，傷害較小，但仍需注意每天應以一小時為限。

4 尿床

您的孩子已經上學了還會尿床嗎？這裡介紹一下尿床這個令人困擾的問題。

事實上，尿床並不是一個少見的毛病。三歲孩子仍有四〇%會尿床，六歲時仍有十%，而十二歲時還有三%的少年偶爾會尿床呢！但是我們定義上還是以六歲為分界：**六歲以下尿床算正常，六歲以上就需要矯正**。

小孩子的膀胱相對比較小，常常無法留滯住一整晚製造的尿液。另外，孩子因為睡眠比較熟，所以當膀胱已經滿載的時候，神經中樞依然無法被叫醒。最後有一種「抗利尿激素」的分泌上，孩子也比較不成熟。夜晚本來應該中樞分泌抗利尿激素多一些，在孩子身上並沒有，所以尿液的製造並沒有減少。在這三重因素之下，尿床是一個必然的結果。

如果您想知道您家裡小朋友的膀胱容量，可以做下列測試：白天時叫孩子憋尿，憋到受不了的時候用一個容器裝他一次尿完的量，然後秤一下多重（記得扣掉容器的重量）。測三次以後，取其中最多的一次，那可能就是您孩子的膀胱容量。一般正常的膀胱容量是「年紀加三」乘三十克；比如說三歲的孩子，應該有一百八十克左右，當然少一些也還算正常。但如果您的孩子尿量少於「年紀」乘三十克的話，那膀胱就真的太小，需要請醫師評估一下。

為什麼要在孩子六歲前把尿床的問題解決？主要是心理的影響。六歲後的孩子已經要上小學，甚至有機會參加夏令營等等團體活動。如果因為尿床這件事影響到孩子的人格發展，那就不單只是膀胱的問題了。此外，尿床也會讓家長因為換床單等相關事件責罵孩子，或發生爭執，導致心理的傷害與相處的不悅。因此，在此提供幾個建議的處理方式，給大家參考：

1. 每天在孩子就寢前，貼心地提醒孩子半夜如果想尿尿，要爬起來去廁所。不要小看這個看似囉嗦的小叮嚀，它是除了藥物控制以外最有效的方法。

2. 把廁所的燈打開。如果廁所離孩子很遠，可以放個夜壺在孩子房間，並且開個小燈。

3. 鼓勵孩子白天多喝水。利用白天喝水來增加膀胱的容量是一個訓練的方式。

4. 睡前兩小時不准喝水。

5. 睡前要先解尿，把膀胱尿乾淨。

6. 勇敢的把尿布丟掉。雖然用了尿布早上清理會比較方便，但是孩子知道自己穿著尿布（或如廁訓練尿褲），會降低他半夜起來尿尿的意願（有點有恃無恐的意思）。除非要去夏令營，或是到別人家過夜，否則盡量不要使用這些東西。

7.當然，尿布丟掉以後，床單下就要有某種防水保護的措施，免得您家的床墊聞起來臭臭的。比如說，在床墊外鋪一層不透水的塑膠墊。

8.如果孩子尿床了，要求他早上和您一起清理床單。較大的孩子可以要求他自己換、自己洗、自己晾或烘這些床單，並且出門前沖個澡以免身上有尿騷味。教孩子為自己的尿床負責是很好的行為矯正方法，但是千萬不要給予羞辱性的謾罵，這樣會適得其反。

9.早上如果看到孩子沒有尿床，大力的給予讚許。可以在月曆上貼小貼紙來讚許孩子的好表現。

10.不要懲罰或責罵孩子，更不允許其他的兄弟姐妹拿這件事來取笑尿床的孩子。通常孩子在早上發現自己尿床後是又羞愧又自責的，他也不是故意要如此。因此，讓您的孩子在家能得到最大的接納，就從陪伴他渡過尿床難關開始。

對六歲以上的孩子的建議：

六歲以上的孩子已經可以溝通，而且也有快點處理尿床問題的急迫性。因此，除了上述十點之外，還有一些加強的建議：

1.教導孩子要「自己處理」尿床的問題。很多孩子覺得尿床是媽媽要解決的問題，這樣孩子永遠長不大。盡量讓孩子了解，半夜應該自己爬起來，自己找廁所，自己尿尿，不可以依賴大人。

2.教導孩子夜尿三部曲：訓練孩子背誦這三個步驟：（1）半夜一感覺到好像漏尿了，趕緊把括約肌縮起來；（2）快快衝到廁所，把剩下的小便尿乾淨；（3）換上乾的睡衣，並且在尿濕的床墊上鋪上乾的大毛巾（當然，乾毛巾與乾睡衣要事先準備好放在旁邊），再繼續睡覺。別忘了，早上起床還是要自己清洗床單。如果孩子能夠完成「夜尿三部曲」，表示他已經漸漸可以控制夜尿了！

3.冥想練習：趁孩子想尿尿的時候，請他先去躺在床上，關燈閉上眼睛，想像現在是半夜，我真的很想尿尿。躺幾分鐘，感受一下半夜膀胱脹尿的感覺，然後趕快爬起來，去廁所解乾淨。每天反覆玩這個冥想遊戲，有助於半夜的行動力。

4.還有一招，也是家長最累的一招，就是**半夜把孩子叫起來尿尿**。通常要先知道孩子大概幾點的時候會尿床，大概是兩三點左右。比如說，孩子兩點會尿床，就在一點多的時候把他輕輕搖醒，如果暫時搖不醒，或者醒來有點意識不清，可以過幾分鐘再叫一次，目的就是讓他自己去廁所尿尿，再回去睡覺。如果孩子半夜越來越容易叫醒，連續七天都很快就起身尿尿，表示他的自主控制已經越來越成熟，可以試著讓他半夜自己起來，不用再犧牲家長的睡眠了。至於用鬧鐘取代親自叫醒孩子，常常效果很差，通常最後是父母鄰居全都吵醒了，孩子還在睡。所以認命一點，自己起來叫他吧！

5.藥物控制。是的，沒錯，尿床有藥物可以治療。那前面說那麼多幹嘛呢？藥物治療有吃的，也有噴的，主要是減少半夜的小便製造量。然而藥物難免有些副作用，而且停藥常常會復發，所以非不得已的情況下，才會用藥物處理尿床的問題。

藉由以上的方法，大部分六歲以上的孩子可以在三個月內改善。但是有下列狀況的時候請小心，您的孩子可能不是一般的尿床，要趕快就醫：

送醫的時機

- 尿尿會痛。
- 小便的力量很微弱。
- 白天也會尿褲子。
- 一直喝水，永遠覺得很渴，尿又多。
- **新發生的尿床事件**。這非常重要，若是您的孩子已經多年沒有尿床，突然又尿床，這一定不是單純的尿床問題！
- 超過十二歲還在尿床，或者六歲以上的孩子用上述的方法三個月後仍未改善。

家長一定要有個決心，就是不要半途而廢，絕對不把學習尿褲包回去。這樣做不但讓您的努力功虧一簣，還會讓孩子把將來任何的教育當做耳邊風，反正到最後結果都是一樣。好好的陪孩子解決尿床的問題是一個很好的經歷，讓他從中學習克服自己的難處，當他克服了之後，他也會覺得自己長大了。

5 睡覺時間到！

很多爸媽在孩子一歲之前都被小孩搞得心力交瘁，原因無他——寶寶的睡眠時間真是難搞！這裡有一些有關嬰兒睡眠常遇到的問題跟大家分享。

首先，我們要知道大部分的嬰兒可以達到的睡眠目標：新生兒大概連續睡四到五個小時不喝奶已經是極限了；而兩個月大的嬰兒當中，有五〇%可以連續睡七到八個小時不喝奶；四個月大的時候，大部分的嬰兒都可以達到連續睡八個小時不喝奶。然而，親自餵母乳的嬰兒，可能會拖到五個月大，才能達到這個目標。

如果您想要順其自然讓寶寶變成好吃好睡的孝子孝女，那麼，祝您好運，畢竟這是可遇而不可求的。小孩好的睡眠習慣可能可以自然形成，然而很多卻是需要訓練的。這裡有一些方法提供父母們參考看看。

黃醫師聊聊天

嬰兒應該跟父母睡在同一個房間，還是不同房間？醫界目前還是爭論不休。綜合各家學說，與自身的經驗，建議三種模式：

1. 還在追奶頻繁哺乳的母親，可睡在同一張床上。
2. 已經可以固定時間餵奶的寶寶，最好睡在自己的嬰兒床，但是放在大人的房間。
3. 若是孩子能夠接受睡在單獨的房間，那麼要在父母聽得到寶寶聲音的距離。

新生兒（小於兩個月大）

1.趁寶寶想睡，但是仍然醒著的時候，就把他放在床上。這是最重要的一步。如果孩子睡著的時候在吃奶，他醒來的時候就期望是在吃奶；如果孩子睡著前最後的記憶是在媽媽懷裡，他醒來的時候就期望在媽媽懷裡；如果半夜醒來時不如預期想像的環境，寶寶就會哭。所以趁寶寶還醒著的時候，就要將孩子放在他該睡覺的地方；剛放下的時候寶寶可能會哭，那麼可以抱他、搖他，等他情緒穩定，但仍然要在還沒睡著之前，就將他放在床上。久而久之，當寶寶半夜醒來的時候，就可以自己睡回去而不會哭鬧了。

2.在白天的時候多陪寶寶玩，多抱抱他。新生兒在四個月內可以盡量抱他們、寵他們，尤其是有嬰兒腸絞痛毛病的嬰兒。白天多給他抱抱可以增加孩子的安全感，減少亂哭的機率。但是上一個建議還是很重要，當寶寶想睡的時候，還是要讓他在床上睡著，即便是睡午覺也要訓練。

3.不讓寶寶在白天連續睡超過三小時。當寶寶睡超過三小時的時候，輕輕的搖醒他，跟他玩一會兒；把寶寶一天中最長的睡眠時間留到晚上那一次。

4.如果奶量已經很豐沛，盡量把白天餵奶的時間間隔拉到兩小時以上。不要寶寶一哭就餵奶，應該先了解他目前需要的是甚麼：可能是想睡，可能是不安全感，可能是太熱，也可能是尿布濕了。當然，母乳比較少的媽媽在前一個月需要密集的吸乳刺激，可能沒辦法做到這點，必須稍微忍耐一陣子。

5.半夜那一餐要速戰速決。新生兒前幾個月難免半夜那餐跑不掉，媽媽這時候可以把這餐弄得很無聊；不開燈、不聊天、不搖寶寶、不唱歌。

6.如果寶寶沒有特別需要，半夜也不要換尿布。當然，如果寶寶有尿布疹或者不舒服，必須換尿布的話，一樣的原則是速戰速決，用個小手電筒解決。

7.除了追母乳頻繁哺乳的時期之外，不要讓寶寶跟你睡同一張床。睡同一張床父母親也會因此睡不好。將寶寶的床靠在大人的床邊即可。

8.最後一餐要在爸媽快要就寢之前餵，比如說十點或十一點。最好在睡前兩小時讓寶寶玩耍，不要睡覺，然後餵完最後一餐就讓他睡個開心。

兩個月大

1.可以開始試著讓寶寶自己睡在另一個空間。比如說用個簾子把床隔開，讓寶寶有個自己的空間睡眠。如果寶寶睡在單獨房間，要讓家長聽得到他的聲音。

2. 開始減少半夜那一餐的奶量。如果是用奶瓶餵，開始試著減少三十到五十毫升左右的奶；如果是餵母乳，把餵食的時間減少。期望在四個月的時候，就可以減到零。

四個月大

1. 試著停掉半夜那一餐。四個月是個關鍵的年紀，如果在這段時間戒不掉半夜那一餐，將來可能就很難戒掉了；所以試著半夜不要餵奶，如果寶寶哭，可以拍拍他，暫時不餵奶，看看他的反應。喝母乳的寶寶有些在四個月的時候還沒辦法戒掉半夜那餐，那麼至少五個月的時候要戒掉。

2. 不可以讓寶寶抱著奶瓶睡覺。這個年紀的寶寶已經會抓奶瓶，很多媽媽覺得寶寶自己喝奶好可愛。然而抱著奶瓶睡覺會讓奶瓶變成寶寶的安慰娃娃，半夜醒來時沒有奶瓶就會不安而大哭。要讓寶寶知道，奶瓶是媽媽的，不是他的。

3. 寶寶半夜哭鬧時，不要太緊張。有一本育兒書曾經開玩

黃醫師聊聊天

有些孩子非常沒有安全感，睡在自己的房間會很害怕，並且哭超過半小時，這樣的孩子硬要他單獨睡眠是很殘忍的事。如果您的寶寶是這種個性，可以暫時仍和爸媽睡在同一間房間，但還是要訓練他睡在自己的嬰兒床裡。重點是，白天要多陪他玩，多跟他互動，才能建立安全感。

笑的說，只要確定床上沒有蛇，就可以離開了。意思就是你可以帶個手電筒進去房間或拉開搖籃的簾子，確定孩子好好的，環境沒問題，那麼拍拍他，不要講太多話，也不要把他抱起來或強壓在床上。停留一分鐘就可以離去，讓孩子學習睡覺時間。

六個月大（開始有分離焦慮的年紀）

1. 寶寶這時候需要玩偶了。有個玩偶讓他抓著可以減少分離焦慮。
2. 寶寶睡覺的時候把門打開讓他知道父母都還在附近。
3. 白天的時候，如果要與寶寶分離時（如上班前），要給他足夠的抱抱與安慰。
4. 半夜的分離焦慮如果哭得太嚴重，可以搬張椅子坐在寶寶的搖籃旁，握著他的手。但還是不要抱他出來搖，也不要講太多話或開燈。握到你覺得他已經平靜下來，再安靜的離開。

一歲以上

1. 建立一個睡眠儀式。所謂的睡眠儀式就是在睡覺前有一連串的活動，比如說：刷牙→尿尿→講故事→睡前禱告→Kiss Goodnight→關燈。每天都千篇一律的睡眠儀式可以讓孩子對睡覺這件事情被制約。要注意的是，睡眠儀式不是像電影一樣講故事講到孩子睡著，不，一切的儀式結束時，孩子照理說應該還是醒著的，只是愛睏而已。

2. 一旦上了床，就不能任意的離開。有些孩子會在床上蹦蹦跳跳，或者尿遁兩三次，或者問一大堆問題與理由來拖延睡覺時間。不要發脾氣，但也不要回答任何的問題，堅定的讓孩子知道睡覺時間到了是沒得討論的事情。如果孩子又跑出房間，把他放回床上，關燈，不要有過多的對話。

3. 當孩子半夜惡夢驚醒，可以在床邊陪伴他一陣子讓他安定下來。不要讓孩子看電視，很多孩子的惡夢來自白天電視的劇情。

每個孩子的睡眠模式都不一樣，需要的睡眠時間長短也不一。父母親應該給予孩子足夠的睡眠紀律，才能開開心心的教養孩子長大，而不把自己累垮。希望我簡短的文章可以幫助沒時間研讀太多書籍的父母。

黃醫師聊聊天

根據研究，睡眠儀式並非百分之百有效，差別在於爸媽是否和孩子有互動。有些爸媽將睡眠儀式當做例行公事一般，講故事時自己講自己的，完全不理會孩子的反應，這樣的睡眠儀式，孩子沒有辦法專心在整個過程當中，效果依然很差。

6 B型肝炎疫苗面面觀

家長們常常詢問有關B型肝炎疫苗失去抗體的問題，這裡盡我所知跟大家分享。

一個B型肝炎帶原的母體，如果垂直傳染給寶寶，有九〇%的孩子會變成慢性的B肝帶原者。更可怕的是，其中有二五%的人會進展為肝癌與肝硬化，人生真的會變成很黑白。

B肝帶原的媽媽有分為兩種；一種是「病毒還很活潑」的e抗原陽性媽媽，另一種則是「病毒正在睡覺」的e抗原陰性媽媽。e抗原陽性媽媽垂直傳染給寶寶的機率高，可達七〇%～九〇%；反之e抗原陰性的媽媽傳染給寶寶的機率就比較低，大概是五%～二〇%。

台灣現行的政策是：如果媽媽有B型肝炎帶原（HBsAg陽性），但是屬於「病毒正在睡覺」的e抗原陰性，寶寶出生後就跟一般新生兒一樣，二到五天打B肝疫苗即可。但如果媽媽是e抗原陽性，就必須在二十四小時內給寶寶同時施打B肝疫苗以及「B肝免疫球蛋白」，保護嬰兒不被感染。

這樣的政策下，可以帶來多少的保護力呢？e抗原陽性的媽媽所生的寶寶，經過這樣的預防注射，可以從剛剛說的七〇％～九〇％傳染率下降到約十％，這已經是最好的狀況了。至於沒有e抗原的媽媽，只打疫苗的話，可以下降到剩下四％左右。四％可以再更好嗎？可以讓我的寶寶更加減少垂直傳染的機率嗎？

在此報給媽媽們另一個選項：如果經濟上許可的話，讓寶寶自費注射B肝免疫球蛋白，與B肝疫苗一起提前在十二小時內接種，這樣的保護效果可以更趨近於百分之百。

除了垂直傳染，媽媽跟寶寶互動頻繁，可能還是會有體液接觸造成傳染。如果母親是e抗原陽性B型肝炎帶原者，新生兒即使接受了B肝疫苗注射，到孩子一歲時可以再驗一次血，看看抗體量夠不夠。一歲時若抗體還是陰性，可以補打B肝疫苗第四劑。切記，這是針對e抗原陽性的媽媽生的孩子，一般的寶寶不需要這麼嚴格。

還有一個問題，就是六合一疫苗。一般寶寶打的是「出生」、「一個月」、「六個月」三劑B型肝炎疫苗。網路上謠傳六合一疫苗的B肝含量不足，應該要補打第四劑B肝疫苗，這是不需要的。想想看，打六合一疫苗的寶寶一共接種了四劑疫苗（出生時、一・五個月、三個月、六個月），已經比一般寶寶多打了一劑，量怎麼會不夠呢？所以一歲半的時候，打五合一和六合一都可以，也不需要多補一劑B肝疫苗。

好不容易嬰兒期打完了三劑或四劑疫苗，然而經過十到十五年，這些抗體因為長期

「沒事可做」，於是就「回房睡覺」去了。這時候，雖然免疫力還在，但是抽血檢驗抗體的結果，常常是陰性的（約三分之二的人）。如果您的孩子在國中的時候驗出B肝抗體陰性，該怎麼辦呢？

剛剛提到一個重點，就是大多數未檢出抗體之個案，對於B型肝炎病毒感染其實仍具有保護力，所以不需要一而再再而三的打疫苗，不打出抗體絕不罷休，這樣很痛苦。根據衛生署「傳染病防治諮詢委員會預防接種組」委員充分討論後建議，對於這樣的狀況建議措施如下：

1. 若為B型肝炎感染高危險群（血液透析病人、器官移植病人、接受血液製劑治療者、免疫不全者；多重性伴侶、注射藥癮者；同住者或性伴侶為帶原者；身心發展遲緩、收容機構之住民與工作者；可能接觸血液之醫療衛生等工作者……），可自費追加一劑B型肝炎疫苗。一個月後再抽血檢驗，若表面抗體仍為陰性（< 10 mIU/ml），可以接續完成第二、三劑疫苗（這兩劑相隔五個月）。如經此補種仍無法產生抗體者，則無須再接種，定期追蹤B型肝炎表面抗原（HBsAg）即可。

2. 若非B型肝炎感染高危險群，目前尚無須全面再追加一劑B型肝炎疫苗。若個案或家屬對此非常擔憂，可自費追加一劑，一個月後再抽血檢驗。

大部分的國中生，都屬於第二項，所以要打不打都可以。補打一劑之後約二五％～五〇％的人抗體會再出現，補打三劑之後約七五％～九〇％會產生抗體。有十％的人不論打三劑、三十劑、三百劑都不會再有抗體出現，所以對於這個族群，麻煩高抬貴手，就別再折磨他了。

7 新型破傷風、減量白喉、非細胞性百日咳混合疫苗（Tdap）

美國在二○○○到二○○六年之間，有二七%的百日咳是發生在十五到三十九歲的大人。根據台灣疾病管制局的統計，百日咳病例在這個年齡層約佔二九%，跟美國相似。而這個年齡層，正好是媽媽生育的年齡；若育齡媽媽得到百日咳，就會剛好傳染給新生兒。此時新生兒還來不及打疫苗，或者疫苗效力尚未發揮，更不幸的是，百日咳在新生兒時期最容易造成死亡，所以這個防疫漏洞，並無法藉由新生兒的預防注射填補。這該怎麼辦呢？

答案很簡單：給育齡前的媽媽打疫苗就好啦！

新型破傷風、減量白喉、非細胞性百日咳混合疫苗（Tdap）是一個可以打在四歲以上與大人身上的疫苗。二○○九年三月開始，小學一年級已經全面施打這種Tdap疫苗，以補足從嬰兒時期漸漸消逝的抗體保護。該項疫苗（Tdap）係增加了新型非細胞性百日咳成分，取代先前國小新生常規接種之「破傷風、減量白喉混合疫苗」（Td），副作用反應較少；除保護學童之外，亦可降低學童罹患百日咳傳染家中幼童，造成嚴重併發症之機率。簡單的說，這個政策解決了家中「哥哥姐姐傳染給嬰兒時期的弟弟妹妹」的危險。

下一步要解決媽媽傳染給自己小孩的危險。美國與台灣預防接種咨詢委員會（ACIP）皆已經針對懷孕前後的母親做出以下建議：

1.十九～六十四歲的成人應補追一成人百日咳疫苗，尤其是會接觸到小於十二個月大的嬰幼兒的人（包括父母、祖父母、保母，醫護人員……等）。

2.準備懷孕前，可以先接種一劑Tdap，再受孕。

3.如果媽媽剛生完小孩，可以在出院前打一劑Tdap，餵母乳的媽媽也可以打。這一劑Tdap應可有效保護媽媽與嬰兒。

4.懷孕期間要打的話，可以在第二或第三孕期接種。

家裡有小baby的長輩們，還有要懷孕的準媽媽們，要保護小嬰兒不受百日咳的侵襲，快去打一針Tdap吧！

8 正確的洗手方法

不管是對付流感病毒、腸病毒，還是各式各樣的細菌感染，有一個方法是絕對不可少，那就是「勤洗手」。

洗手的重要性，相信每個人都很清楚；但是如何正確的洗手，很多人卻不知道。洗手方法如果不正確，細菌病毒都死不了，豈不是白白浪費時間？所以平常在演講的時候，我不只勸大家勤洗手，還要教大家如何「正確的洗手」。

台灣洗手教育很成功，因為幾乎所有小朋友對洗手的五個步驟都可以朗朗上口，那就是「濕、搓、沖、捧、擦」：

1. **濕**：在水龍頭下把手淋濕，包含手腕、手掌和手指均要充分淋濕。
2. **搓**：雙手擦上肥皂，搓洗雙手最少二十秒。
3. **沖**：用清水將雙手徹底沖洗乾淨。
4. **捧**：因為洗手前開水龍頭時，手實際上已汙染了水龍頭，故捧水將水龍頭沖洗乾淨，或者用擦手紙包著水龍頭關閉水龍頭，讓手不要碰觸到水龍頭。
5. **擦**：以擦手紙將雙手擦乾。

在這五個步驟當中，最重要的就是「搓」。「搓」這個動作，不只是把看得見的髒污搓掉，也同時把看不見的細菌病毒搓掉，完成清潔雙手的最終目的。而且對付某些病毒（比如說流感病毒），單純用乾洗手（七五%酒精洗手）就可以殺死，至於乾洗手就只有一個步驟：「搓」。

然而，我們在搓手的時候，如果不加以提醒，一定會有很多死角沒有搓到，比如說大拇指，指甲縫等等。因此，我根據WHO的六個搓手動作，發明了一招「洗手拳」。拳法分上下左右，分別是：

上：一柱擎天

下：欲蓋彌彰

左：打躬作揖

右：力拔山河

「一柱擎天」的時候，雙手合十，搓揉兩個部位：掌心與指縫。掌心相互摩擦，然後手指彼此交錯，摩擦指間的縫隙。

「欲蓋彌彰」的時候，右手的手心摩擦左手的手背，然後換手作同樣動作。

「打躬作揖」的時候，左手抱拳，右手掌心摩擦左手指的指背，然後記得左手指甲在掌心上摳十下，完成指尖的清潔，然後換手作同樣動作。

「力拔山河」的時候，右手比出「一級棒」的大拇哥，左手握住右手拇指，像騎機車催油門般的快速轉動，然後換手作同樣動作。

當您腦袋裡默默複述這四個口訣之後，洗手的「搓」這個步驟也就非常完美了！如果要教導兒童這四個口訣時，可以改成比較有趣的句子，比如說「一柱擎天」可以改成「我是公雞」，「欲蓋彌彰」可以改成「猩猩拍手」等等。

最後對於正確的洗手還有一些提醒：

1. 去除手部首飾。如果手上戴了戒指，會使局部形成一個藏污納垢的特區，難以完全洗淨。

2. 使用肥皂，效果比單獨用水洗要好得多。

3. 最好使用擦手紙，而不要使用毛巾，因為毛巾容易潛藏病菌，將洗淨的雙手又沾染病菌。擦手紙使用完暫勿丟棄，可用來關閉水龍頭或開門，避免剛洗淨的手又碰觸公共物品表面而沾染細菌或病毒。

黃醫師聊聊天

每次我去小學演講，教小朋友洗手拳的時候，他們都玩得不亦樂乎，也順便記住了手上該清洗的六個部位。家長也可以在家裡跟小朋友玩玩洗手拳，我的兒童版口訣是「我是公雞，猩猩拍手，恭喜發財，機車發動」，您也可發明自己的口訣喔！

4. 指甲最好不要留長，以免藏汙納垢。

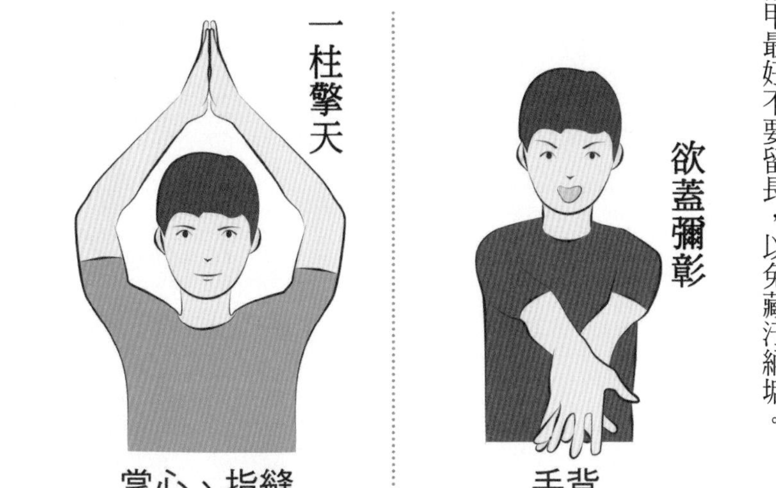

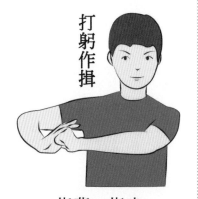

圖6-5：黃醫師研發之洗手拳

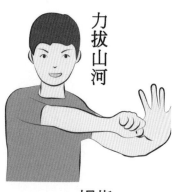

9 增強兒童免疫力的省錢妙招

已經碰到非常多的家長問我，「要怎麼增強孩子的免疫力」？這真是個大哉問。如果上網搜尋「增強免疫力」這幾個關鍵字，您可能會得到各種不同的建議，比如說益生菌、維他命、人參、綠藻等等補品。這些補品通常不便宜，買起來經濟負擔又大，究竟有沒有效果，家長也看不出個所以然來。難道增強孩子的免疫力，一定要花大錢嗎？別擔心，這裡讓我傳授各位幾個增強孩子免疫力的省錢妙招！

1. 喝母乳

母乳裡富含各式各樣增進免疫力的因子，免費又方便，絕對是增進免疫力的最佳省錢妙招！

2. 接種疫苗

接種疫苗絕對是最有效，也是最簡單產生某些特殊免疫抗體的方法。雖然自費疫苗價格不菲，但光是免費的疫苗，就已經足夠讓孩子得到很多的保護。流感疫苗通常在小學四年級之前都是免費的，家長千萬不要放過這個機會，一定要帶孩子去接種。

3.吃糙米與全麥麵包

沒錢買益生菌?沒關係,我們多吃益生質,給我們自己腸道內的好菌天天吃補!坊間有販賣許多果寡糖等等人工的益生質補品,其實我們不需要花大錢也可以得到。糙米、全麥麵包,都是很好的天然益生質,天天吃,不需花大筆銀子買補品!

4.吃深綠色蔬果,還有魚

這幾年有關維生素D的話題非常的夯,因為免疫學家發現維生素D不只可以強化鈣質,還可以提升免疫功能。不意外地,馬上就有廠商做起維生素D補充品的生意。其實維生素D在日常生活食物中俯拾即是,花椰菜、菠菜、紅蘿蔔、各種深綠色或深黃色的蔬果裡都有。魚類也是富含維生素D的食物。只要每天都吃一些,不但免疫力可以提升,還可以強化骨質。

5.天天出去曬太陽運動

吃了維生素D,也需要陽光來活化才有作用。我們的皮膚只要接受到陽光的照射,就會活化維生素D,這更是一毛錢都不用花的免疫增強法!每天都帶孩子出去曬曬太陽,保證少生病多健康!

6.不要太早讓孩子上學

小孩的免疫力還不足的時候，就把他放在病毒肆虐的團體當中，等於是把一隻綿羊丟在狼群裡讓他自生自滅。**我建議至少三歲以後再讓孩子上學**，如此一來就算是生病了，身體也比較有能力來對付這些病菌。

7.不要相信廣告的誇大效果

省錢妙招最重要的就是，不要再花錢買這些誇大效果的補品。通常這些補品都會走審查比較寬鬆的食品路線，然後將某些實驗室的研究誇大成對人體也有效果。這世界上有非常多的物質都可以在實驗室裡增強免疫力，但是吃到人體裡就是行不通。尤其說到劑量，實驗室裡的細胞那麼小，人體細胞數目卻是這麼的龐大，也許這個物質對人體有效的劑量是「一桶」，但是廠商賣你的卻是「一顆」，只是杯水車薪。

相信我，不需要花大錢，小孩增強免疫力其實是很簡單的。就從今天開始，帶孩子到陽光下走走吧！

CARE叢書 003

輕鬆當爸媽，孩子更健康——小兒科醫師‧新手爸爸 黃瑽寧教你安心育兒

作　　者—黃瑽寧
責任編輯—陳信宏
責任企劃—王紀友
美術設計—洪素貞
插　　畫—洪健翔
封面攝影—陳銘華
校　　對—黃瑽寧、余素維、陳信宏
董 事 長
發 行 人—孫思照
總 經 理—趙政岷
總 編 輯—李采洪
出 版 者—時報文化出版企業股份有限公司
10803台北市和平西路三段二四〇號六樓
發行專線—（〇二）二三〇六—六八四二
讀者服務專線—〇八〇〇—二三一—七〇五・（〇二）二三〇四—七一〇三
讀者服務傳真—（〇二）二三〇四—六八五八
郵撥—19344724 時報文化出版公司
信箱—台北郵政七九～九九信箱
時報悅讀網—http://www.readingtimes.com.tw
電子郵件信箱—newlife@readingtimes.com.tw
時報第二編輯部臉書—http://www.facebook.com/readingtimes.2
法律顧問—理律法律事務所陳長文律師、李念祖律師
印　　刷—華展彩色印刷股份有限公司
初版一刷—二〇一〇年十月二十九日
初版二十刷—二〇一三年十二月十一日
定　　價—新台幣三二〇元

國家圖書館出版品預行編目資料

輕鬆當爸媽，孩子更健康：小兒科醫師・新手
爸爸 黃瓏寧教你安心育兒/ 黃瓏寧著 --初版.
--臺北市: 時報文化, 2010. 10
面； 公分. --(CARE叢書; 003)

ISBN 978-957-13-5288-6(平裝)

1.小兒科 2.幼兒健康 3.育兒
417.5 99018950

ISBN13 978-957-13-5288-6
Printed in Taiwan

疫苗 \ 接種年齡	≥24小時	2-5天	1個月	2個月	4個月	6個月	9個月	12個月	15個月	18個月	24個月	27個月	30個月	小一	註解
卡介苗(BCG)	第一劑														
B型肝炎疫苗(HepB)		第一劑	第二劑			第三劑									
白喉破傷風非細胞性百日咳、b 型嗜血桿菌及不活化小兒麻痺五合一疫苗				第一劑	第二劑	第三劑				第四劑				Tdap	
小兒麻痺口服疫苗(OPV)														一劑	必要接種
水痘疫苗(Varicella)								第一劑							
麻疹腮腺炎德國麻疹混合疫苗(MMR)								第一劑						第二劑	
日本腦炎疫苗(JE)									第一劑 第二劑			第三劑		第四劑	
流感疫苗(Influenza)						←每年→									免費
A型肝炎疫苗(HepA)											第一劑		第二劑		山地鄉、金門縣、連江縣免費
肺炎鏈球菌疫苗				共四劑			共三劑		共兩劑		共一劑				自費
輪狀病毒疫苗			第一劑		第二劑/第三劑										
子宮頸癌疫苗	9-26歲														

我國現行預防接種時程

請延此虛線剪下

預防接種時程及記錄表

姓名：＿＿＿＿＿＿＿＿　身分證字號：□□□□□□□□□□

出生日期：民國＿＿＿＿年＿＿月＿＿日　性別：＿＿＿＿

聯絡住址：＿＿＿＿＿＿＿＿＿＿＿＿　電話：＿＿＿＿

戶籍地址：＿＿＿＿＿＿＿＿＿＿＿＿　電話：＿＿＿＿

母親姓名：＿＿＿＿＿＿＿＿

大便卡篩檢：□ 正常　□ 不正常　□ 不確定或不知道

適合 接種年齡	疫苗種類		預約日期	接種單位
出生後儘速接種 （不超過24小時）	B型肝炎免疫球蛋白	一劑		
出生後2小時以後	卡介苗	一劑		
出生滿2-5天	B型肝炎疫苗	第一劑		
出生滿1個月	B型肝炎疫苗	第二劑		
出生滿2個月	白喉破傷風非細胞性百日咳、b型嗜血桿菌及不活化小兒麻痺五合一疫苗	第一劑		
出生滿4個月	白喉破傷風非細胞性百日咳、b型嗜血桿菌及不活化小兒麻痺五合一疫苗	第二劑		
出生滿6個月	B型肝炎疫苗	第三劑		
	白喉破傷風非細胞性百日咳、b型嗜血桿菌及不活化小兒麻痺五合一疫苗	第三劑		

預防接種時程及記錄表（續）

適合 接踵年齡	疫苗種類		預約日期	接種單位
出生滿12個月	水痘疫苗	一劑		
出生滿12個月	麻疹腮腺炎德國麻疹混合疫苗	第一劑		
出生滿1年3個月	日本腦炎疫苗 （每年集中於3月至5月接種）	第一劑		
	日本腦炎疫苗 （每年集中於3月至5月接種）	隔二週 第二劑		
出生滿1年6個月	白喉破傷風非細胞性百日咳、B型嗜血桿菌及不活化小兒麻痺五合一疫苗	第四劑		
出生滿2年3個月	日本腦炎疫苗 （每年集中於3月至5月接種）	第三劑		
國小1年級	減量破傷風白喉非細胞性百日咳混合疫苗	一劑		
	小兒麻痺口服疫苗	第五劑		
	麻疹腮腺炎德國麻疹混合疫苗	第二劑		
	日本腦炎疫苗 （每年集中於3月至5月接種）	第四劑		
	卡介苗普查 （無接種紀錄且測驗陰性者接種）			

※表列為目前由政府提供之常規預防接種項目，如有疑問，請洽02-23959825

※本接種紀錄請家長務必永久保存，以備國小新生入學、出國留學及各項健康紀錄檢查之需

※99年3月起幼兒全面接種「白喉破傷風非細胞性百日咳、b型嗜血桿菌及不活化小兒麻痺五合一疫苗(DTaP-Hib-IPV)」，以取代先前接種之「白喉破傷風全細胞性百日咳混合疫苗(DTP)」以及口服小兒麻痺疫苗(OPV)

2009年10月版

請延此虛線剪下